Envíame, Señor

COLECCIÓN

ESPIRITUALIDAD

49

JOSÉ MARÍA GUIBERT, SJ

Envíame, Señor

*Nueve días
con san Francisco Javier*

© Ediciones Mensajero, 2025
Grupo de Comunicación Loyola
Padre Lojendio, 2
48008 Bilbao – España
Tfno.: +34 944 470 358
info@gcloyola.com
gcloyola.com

Diseño de cubierta:
Félix Cuadrado Basas (*Sinclair*)

Impreso en España. *Printed in Spain*
ISBN: 978-84-271-5018-8
Depósito legal: BI-1689-2024

Fotocomposición:
Marín Creación, S. C. – Burgos / www.marincreacion.com

Impresión y encuadernación:
Gráficas Lope, S. L. – Salamanca / www.graficaslope.com

Índice

Introducción

Estamos llamados a profundizar en la vida y en la fe. Mucho de lo que proponían san Francisco Javier y los primeros jesuitas era justo eso: pararse, detenerse, rezar, hacer ejercicios espirituales, leer, hacerse preguntas de fondo, compartir, celebrar… y, con todo esto, descubrir y redescubrir a Dios en lo que somos y lo que nos rodea: en la vida, en uno mismo, en los otros, en la liturgia, en la oración, en la Iglesia, en el mundo, en los pobres, en el apostolado, en los que sufren, en nuestros pecados y problemas, en la relación con otros, en la amistad, etc.

El mensaje principal de Javier es que Dios nos habla y nos consuela. Javier tiene un buen anuncio, el de salvación. Queremos escuchar a Dios, aprender a entenderle. La Biblia, la tradición y los santos nos ayudan en esto. Estos últimos son libros vivos de donde aprender, libros vivos que nos hacen bien.

Este libro se basa en las predicaciones que tuvieron lugar en el Castillo de Javier en marzo de 2024 durante la Novena de la Gracia de ese año. San Francisco Javier, su vida y sus cartas, fueron inspiración entonces y lo son en las páginas que siguen. Su testimonio nos puede llenar de llenar de luz y esperanza, y qué mejor ocasión que una novena para profundizar en su densa personalidad.

Quiero hacer una observación inicial. Para el que comparte estas reflexiones, resulta delicado hacerlo y, por lo tanto, ha de hacerlo con humildad. Es decir, que, al escribir estas líneas, no estoy afirmando que hago y cumplo todo lo que digo; o que soy un ejemplo de todo lo que sugiere san Francisco Javier. Ojalá lo fuera un poquito. Pero eso no quita para que pueda compartir lo que este santo me sugiere. Lo que descubro en Javier me gusta y me atrae. Lo mismo ocurre cuando hablamos del Evangelio: no quiere decir que lo sintamos, creamos, experimentemos o cumplamos al cien por cien. Estamos diciendo que la palabra de Jesús nos seduce, nos remueve, nos moviliza y nos alegra. No dejaremos de hablar del Evangelio. Pues, algo parecido sucede cuando hablamos de los santos y de las personas buenas.

* * *

El lema o tema elegido para esa novena fue la amistad, en concreto «La pedagogía de la amistad», una invitación a ir aprendiendo a valorar la amistad.

¿Por qué? ¿Para qué? Pues, para destacar una cosa: Dios lleva a Javier hacia las personas, no a aislarse. Del mismo modo, las personas lo llevan a Dios. Preocuparse por ellas, su misión con ellas, lo conducen a Dios. Porque en las personas y en Dios hay amistad, y la relación de Javier con Dios es de amor y de amistad. Se trata de recibir mucho afecto y amor por parte de él. Y lo mismo en la relación con los demás: se trata de quererlos, dar y recibir cariño y amistad.

Hay algo llamativo en las cartas de Javier. Se conservan 138 documentos. Lo sorprendente es que las palabras *amor*, *amar*, *amigo* o *amistad* aparecen cientos de veces en dichos textos. *Amor* o *amar*, concretamente, unas trescientas veces; *amigo* o *amistad*, alrededor de cuatrocientas veces.

Si leemos las páginas de estas cartas es porque queremos conocer más a Javier, profundizar en su persona. Para conocerlo, es imprescindible detenerse en ese aspecto: cómo fomentaba la amistad entre unos y otros. Y cómo descubrió la amistad con Dios. En realidad, se trata de una dimensión muy propia de san Ignacio y de los *Ejercicios espirituales*: considerar a Dios como un amigo. También, claro, como Dios y Creador y fuente de todos los dones, pero también como un amigo.

Cuando plantea una meditación o una contemplación, san Ignacio pide que se haga al final un tiempo de coloquio con Dios. De este modo, más allá de la reflexión sobre conceptos o ideas (lo que puede resultar algo teórico) se personaliza el tema de reflexión. Así, *hablándolo* con Dios. Escribe Ignacio: «El coloquio se hace propiamente hablando, así como un amigo habla a otro» [*Ej* 54].

Por lo tanto, se trata de escuchar, de pedir, de hablar a Dios como a una persona. Además, una persona que no solo es el Creador o el Señor a quien se quiere servir, sino alguien con quien tienes afecto, cariño, amistad. Ese es el modo de entrar en el misterio de Dios y en la relación con él: a través de la amistad. El misterio que ha descubierto san Ignacio y que insiste en proponer es tratar a Dios familiarmente, como a un amigo.

En otro lugar de los *Ejercicios*, cuando propone al ejercitante contemplar escenas de resurrección, san Ignacio indica lo que sigue: «mirar el oficio de consolar, que Cristo nuestro Señor trae, y comparando cómo unos amigos suelen consolar a otros» [*Ej* 224]. Es decir, que, para entender la resurrección, nos invita a fijarnos en cómo unos amigos consuelan a otros en las dificultades y problemas, y a que captemos cómo Jesús resucitado hace eso en el Evangelio y con nosotros. Para los primeros jesuitas, esta experiencia fue decisiva. Porque su experiencia de Dios se fundamentaba en ella. Viendo cómo hablan los amigos, cómo se quieren y apoyan, en los momentos buenos o malos... entender que Dios actúa también así, que lo podemos descubrir ahí. Le entiendes mejor si lo tratas como amigo.

Por eso este lema de «pedagogía de la amistad» para esos nueve días. No para profundizar a Dios desde la teoría, sino desde lo humano. Y, teniendo en cuenta que el culmen de la amistad es el matrimonio, lo que se diga aquí sobre la amistad es válido también para la relación de pareja.

El propósito de este libro es reflexionar sobre la amistad no solo como algo de lo que disfrutar en la vida, algo necesario para cuidar y desarrollar el afecto, sino considerarla como un lugar que nos hace entender cómo es Dios. La amistad es también una ayuda en nuestro caminar y nos da felicidad.

Todo esto tiene una consecuencia: en la relación con las personas nos jugamos la fe. Aprender a amar, a hacer amigos, a recibir amistad, es parte esencial de la vida cristiana. «Amaos como yo os he amado» (Jn 13,34). Profundizar en esa amistad nos conduce a Dios.

1

Ganarse a la gente por medio de la amistad

Para Javier la amistad era algo valioso. Queremos ahora fijarnos y detenernos en esto. Porque él cuidaba las relaciones interpersonales y tenía una experiencia profunda de amabilidad y amistad. Su fuerte sentido comunitario tampoco se podría entender sin tener presente esta dimensión de su personalidad.

Empecemos por la relación de Javier con sus compañeros jesuitas. ¿Cómo era? ¿Veía en ellos a amigos? El lenguaje que utiliza es llamativo y nos puede dar muchas pistas. Veamos algunos ejemplos.

Se ha hecho célebre la sugerente expresión que Javier utilizó una vez para referirse a los jesuitas: «Compañía de amor». Es en una carta a Roma donde dice: «Me parece que Compañía de Jesús quiere decir Compañía de amor y de conformidad de ánimos» [70,5][1]. Cuando desde la distancia piensa en sus compañeros, Javier está sintiendo y experimentando eso. Quiere explicar con esas palabras lo que está sintiendo o experimentando cuando piensa en sus compañeros.

Para Javier, la amistad también tiene que ver de alguna manera con la obediencia y el acatamiento. Lo expresa así en una carta a un jesuita: «A todos los padres tendréis mucho acatamiento, y mirad que a ninguno despreciéis; seréis amigo de todos» [102,2]. Acatar lleva consigo tratar de modo humilde con todos, no sentirse superior, no despreciar a nadie.

El mismo Ignacio se mostraba muy afectuoso en su trato epistolar con Javier. Le escribía: «Todo vuestro, sin poder olvidar en tiempo alguno». Son palabras tiernas y bellas, que alegraron mucho a Javier. Este le contesta y le escribe con alegría: «Entre otras muchas santas palabras y consolaciones de su carta [de Ignacio], leí las últimas que decían: "Todo vuestro, sin poderme olvidar en tiempo alguno, Ignacio"; las cuales, así como con lágrimas leí, con lágrimas escribo, acordándome del tiempo pasado, del mucho amor que siempre me tuvo y tiene» [97,1]. Es innegable el vínculo de amistad tan

---

[1]   En este texto hago referencia a las cartas de Javier ([número de carta, párrafo]) utilizando la conocida obra de Félix Zubillaga, SJ, referenciada al final del libro.

fuerte que se había trabado entre el maestro de los *Ejercicios* y aquel deportista tozudo al que tanto le costó dejarse vencer por Dios.

Creo que nadie es ajeno a la experiencia cotidiana de hacer memoria de las personas que amamos y queremos. Quizá para Javier, en la otra parte del mundo, este consuelo era todavía más necesario. En sus cartas deja el reflejo de esa experiencia: «De manera que vosotros, carísimos en Cristo hermanos míos y únicos, imprimís en mi ánima continua memoria vuestra» [48,1]. Y termina otra carta de modo parecido: «Así acabo sin poder acabar de escribir el grande amor que os tengo a todos en general y en particular» [92,60]. Para terminar con esta bellísima imagen del amor que siente por sus compañeros: «Si los corazones de los que en Cristo se aman, se pudiesen ver en esta presente vida, creed, hermanos míos carísimos, que en mí os veríais (...); vuestras imágenes [están] impresas en mi alma y corazón» [92,60].

Otro excelente ejemplo del amor que Javier sentía por sus compañeros es esta carta a un jesuita mayor, al que envía en misión a una isla: «¡Oh, Cipriano!, si supieseis el amor con que os escribo estas cosas, de día y de noche os acordaríais de mí, y por ventura lloraríais recordando el amor grande que os tengo; y si los corazones de los hombres se pudiesen ver en esta vida, creed, hermano mío Cipriano, que os veríais claramente en mi ánima» [113,8].

Con solo algunas líneas podemos asomarnos al tremendo afecto que Javier mostraba a los jesuitas en sus cartas. Él estaba lejos y, muchas veces, solo. Le servía de consuelo recordar de este modo a sus compañeros.

* * *

Pero Javier no solo trataba así con los jesuitas. Esta manera de vivir la amistad aparece también en la relación con otros grupos. Dentro de sus cartas, resulta interesante leer las recomendaciones que sugiere para el trato con las autoridades. Él exhortaba a los compañeros a llevarse bien con los mandatarios. Presentamos solo algunas de ellas.

En un contexto de tensiones e injusticias, incluso de los mismos funcionarios portugueses contra los cristianos, Javier pide a los suyos que guarden las formas al tratar los problemas: «Con el capitán os habréis muy benignamente, de modo que por ninguna cosa rompáis con él. Con todos los portugueses de esta costa procuraréis vivir en paz y amor con ellos, y con ninguno estaréis mal, aunque ellos lo quieran. Los agravios que ellos hicieren a los cristianos, con amor los reprenderéis» [64,12].

Es en estos casos Javier muestra todo su genio para las relaciones, su inteligencia afectiva respecto de las personas. Por ejemplo, al hablar del capitán, dice que lo primero es hacerse amigo de él y lograr estar a buenas. Será entonces cuando se le puedan presentar las quejas que el pueblo tiene contra él, pues, si está a malas, no se hallará en estado de recibir enmiendas: «Al capitán obedeceréis muy en gran manera, humillándoos mucho delante de él; por ninguna cosa romperéis con él, aunque veáis que hace cosas muy mal hechas. Y cuando viereis que él es amigo vuestro, con mucho amor (...), con mucha humildad y con rostro alegre, le diréis lo que por fuera se dice de él; y esto cuando viereis que puede aprovechar, y cuando viereis que hay disposición en él» [80,17]. Si el capitán o cualquiera no está a buenas o en tono amistoso, no se gana nada.

No solo con la autoridad civil, también con la eclesial Javier busca la amistad: «Sed mucho grande amigo del señor obispo y del vicario general, teniéndoles mucha obediencia, pues son nuestros mayores, y, por bien y con humildad, lo lograréis todo de ellos» [93,12].

La relación con las otras órdenes religiones estaba, de igual manera, entre las preocupaciones de Javier. Un ejemplo de esto es su petición a los jesuitas de que cuiden la relación con franciscanos y dominicos: «Os encomiendo mucho la caridad, amistad y amor con todos los bienaventurados frailes de la orden de san Francisco y santo Domingo, y de todos ellos seréis muy devoto. Guardaos de tener con ellos cosa de desedificación: esto espero que cumpliréis siempre, habiendo en vosotros mucha humildad; y de cuando en cuando los visitaréis, de manera que ellos conozcan en vosotros que los amáis, y el pueblo, amador de discordias, vea la caridad que entre vosotros hay con todos» [84,7].

Más tarde, extiende esta petición a otro jesuita, al que hace la recomendación de ir a buenas y buscar ser querido por parte de los franciscanos y por parte del pueblo: «Primeramente, cuando en vos fuere, trabajad con todo el pueblo de haceros amar, principalmente de los frailes y [de los encargados de su iglesia], dándoles a entender por todas las vías y maneras que no deseáis sino hacer su voluntad y acrecentar la devoción de esta [iglesia de los franciscanos], a los cuales visitaréis y os acogeréis en vuestras necesidades» [120,1].

Cuando iba a Goa, es decir, cuando volvía a casa tras los múltiples viajes que hizo por otros países, primero visitaba al obispo y a los franciscanos y dominicos, y luego iba a la comunidad jesuita. Lo cuenta su primer biógrafo, Teixera, un jesuita que vivió con él: «Cuando aquí venía (Goa), primero iba a visitar al obispo, vicario, frailes de San Francisco y de Santo Domingo antes que a nosotros; y esto besándoles las manos o echándose a los pies de todos» (tomado de *Mon. Xav.*, II).

Por último, no deja de exhortar a tener paciencia ante los males de los otros, incluso cuando sufrimos injusticias: «Os ruego mucho que, con esa gente, digo con los principales, y después con todo el pueblo, os hayáis con mucho amor; porque si el pueblo os ama, y está bien con vos, mucho servicio haréis a Dios. Sabed aliviar sus flaquezas con mucha paciencia, pensando que, si ahora no son buenos, que algún tiempo lo serán» [23,2].

* * *

Como no puede ser de otra manera, las buenas formas no son algo que haya que utilizar solo con los jesuitas o autoridades o religiosos, sino en el trato con cualquier persona.

Por ejemplo, si hay que hablar con alguien y corregirle en algo, Javier señala que hay que hacerlo con amabilidad: «Conversaréis con todos, con rostro alegre, no avergonzado ni severo; porque si os vieran serio y triste, muchos, por miedo, se dejarán de aprovechar de vos: por tanto, sed afable y benigno» [80,24].

Llama la atención cómo Javier se propone este modo de proceder sin evitar lo que resulta más difícil: las buenas formas hay que aplicarlas también para lo no agradable, como es corregir o criticar a alguien: «De manera que las represiones serán con el rostro alegre, y palabras mansas y de amor, y no de rigor; de cuando en cuando abrazándolos, humillándoos delante de ellos» [80,10]. Y continúa: «Sean con amor y gracia, sin que sientan de vos que os aborrecen los que con vos hablan y platican» [80,24]. Amor y gracia en toda circunstancia, una suerte de *magis* ignaciano aplicado a las relaciones con los demás, incluso en sus aspectos más complejos.

La actitud de Javier, pues, es clara. Pero ¿fue tan importante esta forma de tratar a la gente en la misión evangelizadora del santo navarro? Para poder contestar a la pregunta, bastaría con asomarse a las palabras de un autor de la época. Este escribió que Javier hizo más fruto con el buen trato a la gente que con la predicación misma. Lo escribió en su tiempo, pues era contemporáneo de Javier. Contaba que no había visto a nadie tratar tan bien a los otros: «Tenía tan gran manera de tratar con los hombres y sacarlos de los pecados, que parece que hacía muchos años que Dios no comunicó este don en tanto grado a ningún hombre; y así, con el trato hizo más fruto que en la predicación» (testimonio recogido de *Mon. Xav.*, II, 953).

En realidad, no haría falta ir a testimonios externos, si leemos con atención algunas palabras de Javier mismo, que repite en varios lugares y con modos parecidos consideraciones como esta: «Procuraréis con todas vuestras fuerzas haceros amar de esta gente, porque siendo de ellos amados, haréis mucho más fruto que siendo de ellos aborrecidos» [64,16]. Y llega a decir que el fruto de la predicación es hacerse amar: «Y mirad que os encomiendo que seáis muy amigo del vicario, y de todos los padres y del capitán y de los oficiales del rey, y de todo el pueblo, porque en saber ganar la voluntad a los hombres, haciéndoos amar de ellos, está el fruto de las predicaciones» [105,10].

* * *

¿Qué aprendemos de todo esto?

Amar a los demás, apoyarlos, respetarlos, interesarse sinceramente por los otros, ayudarles a que se pongan de buen humor, ser manso y humilde, fomentar la amistad, tratar bien... todo esto es importante en la vida de Javier. También en su apostolado.

Nos podemos preguntar cómo es nuestra relación con las muchas personas con las que nos relacionamos en la vida. Dios dice «amaos unos a los otros». Pues bien, eso hay que cumplirlo con cada una de las personas con quienes tratamos, no solo con nuestros preferidos. Javier dice que eso es fundamental en su misión. Lo hace él y lo enseña o pide a los suyos.

* * *

Señor, te damos gracias por la bondad
de todas las personas que conocemos.
Agradecemos también las dificultades,
que nos ayudan a ser más humildes.

Señor, de otros recibimos el amor, el consuelo,
la alegría y la reconciliación.
Tu bondad, tu ánimo, tu gracia vienen a través
de las personas que nos quieren.

Dios nuestro, danos fe en las personas, cada
una con su circunstancia y su historia.
Ayúdanos a creer en ellas, siempre perdonar
y estar dispuestos a comenzar otra vez.
Dios nuestro, haz que valoremos el amor,
la amistad y la buena educación.
Danos luz para respetar al otro, tener
paciencia y mostrar amabilidad y acogida.

2

Interclasismo: estar con todas y todos

En su vida, Javier siguió una pauta de actuación que provenía de san Ignacio y que se ha transmitido en la Compañía de Jesús: abrirse a los demás. Salir de uno mismo. Al papa Francisco le gusta hablar de «Iglesia en salida». Pero, para hacer esto, hay que romper moldes, salir de lo que conoces, de tu zona de confort. Y estar con personas y colectivos distintos a ti.

En realidad, se trata de lo mismo que dejó escrito san Pablo: hacerse todo a todos, a esclavos y libres, a judíos y a griegos. Es lo que hizo cuando sintió que tenía que comunicar y transmitir la buena nueva de Jesús (1 Cor 9,19-23). El de Tarso habla de judíos y no judíos, de débiles y no débiles. En nuestras sociedades siempre hay grupos, partidos, castas, etnias, clases sociales, grupos idiomáticos o culturales, etc. Así es la vida y la historia. La Iglesia quiere ser católica, es decir, universal, o para todos. Eso es lo que significa el término griego *katholikós* («católico»). Por eso la Iglesia quiere ser, como digo, para todos: creyentes y personas de todas las culturas y regiones del mundo. Esto implica unión en la diversidad, también inclusión y, en otro orden, plenitud de la fe, ir a lo profundo de la revelación que viene de la Escritura y la Tradición. Javier y la Iglesia de aquella época fueron un ejemplo de cómo abrirse a otros mundos. Fue precisamente en aquel tiempo cuando la Iglesia se expandió por Oriente y Occidente. En Javier encontramos un modo concreto y personal de llevar a cabo esa expansión del Evangelio. Por un lado, se mostró disponible a ser enviado a otras culturas y religiones y a predicar en nuevos contextos. Pero hizo algo más. En cada cultura, en cada ciudad o país en el que misionó, estuvo con personas de distinta clase y condición social. Esto llamó mucho la atención, y nos sigue inspirando hoy.

* * *

Para ser inclusivo, ese abrirse a los demás o a otras clases sociales debe tener una particularidad. En realidad, se trata del sentido o la orientación que proceden del Evangelio: abrirse hacia las clases bajas o más vulnerables. En el caso de Javier, esta opción lo llevó a la cercanía con los pobres, los enfermos, los presos, los esclavos o las mujeres de los portugueses o de los nativos, que en aquel tiempo eran menos consideradas. Seguía así las intuiciones de san Ignacio, quien había hecho esto antes personalmente, pidiéndolo luego a sus compañeros. El de Loyola lo consideraba vital para la transformación personal, además del servicio y del bien que trae consigo. Javier lo hizo en París, en Venecia, en otros sitios de Italia, en Lisboa, en el viaje en barco a la India, en África, en ciudades de la India e Indonesia, etc. Allí donde fue, puso en marcha esta forma de entender el amor.

Había sido en París donde Javier había cambiado de vida. Eso se hizo sentir pronto en diversos aspectos de su personalidad y de su obrar, en los que experimentó una gran mudanza.

Más tarde, mientras vivía los años de Italia con sus compañeros, y a propuesta de Ignacio, Javier y los primeros jesuitas hicieron dos cosas. Por un lado, una peregrinación en pobreza; por otro, trabajo en hospitales. En aquel tiempo se hablaba de pruebas, hoy diríamos que se trataba de experiencias formativas. Es decir, su intención era hacerlo y ayudar así a los que lo necesitaban, pero también probar a las personas que las llevaban a cabo. Se buscaba que vivieran algo que les pudiera afectar humana y espiritualmente. Estas experiencias han permanecido durante los cinco siglos de historia de la Compañía.

En la peregrinación en pobreza lo que se pretende es caminar sin medios económicos, pidiendo limosna. Uno se encuentra a la intemperie, experimentando la pobreza y, con ello, la incomodad, la inseguridad o vulnerabilidad. Dependes de los demás, estás sin poder o autoridad. En esas circunstancias se vive una experiencia personal que te hace confiar en Dios de otro modo, desde la impotencia y la pequeñez. También te conoces mejor, pues no estás atado a comodidades. Ves como reaccionas, cómo aguantas y, sobre todo, cómo relativizas el valor del bienestar material en ti. Puedes pasar hambre y no tener refugio donde dormir. Incluso puedes sentir humillación, desprecio y rechazo. Estás solo y eres una persona débil e impotente. Dependes de otros. Conoces esa faceta de la naturaleza humana. Confías en Dios.

La peregrinación en pobreza puede llegar a relativizar tus gustos, caprichos personales y necesidades. Además, te hace más sensible al que no tiene nada y es evitado o rechazado por la mayoría, por el mero hecho de ser pobre. Es ocasión de crecer no solo en sobriedad, sino en solidaridad y en madurez.

Esto es lo que hicieron los primeros jesuitas en su viaje de Venecia a Roma. Se dirigían a la Ciudad Eterna a pedir permiso para ir a Tierra Santa y solicitar documentación con el fin de ser ordenados sacerdotes. Pero antes habían experimentado la dureza de viajar sin dinero y del depender de otros. En esa experiencia fue donde Javier practicó algo que luego repetiría toda su vida: pedir limosna. En primer lugar, para los pobres; luego, algo para él.

Más tarde, antes de ir a la India, Javier estuvo casi un año en Portugal. Fue enviado a Lisboa para trabajar pastoralmente en la corte, ni más ni menos que con las mayores autoridades del país. Pero Ignacio le solicitó una cosa más: que pidiera limosna para los pobres. Por supuesto, Javier lo hizo. No solo estar con la máxima autoridad, los de la corte –que se supone que económicamente estarían sobrados–, sino acercarse a los pobres y pedir dinero para ellos. Eso le hacía entrar en contacto directo con la cuestión social. En aquel momento, la población de Lisboa contaba con un diez por ciento de esclavos de otras razas. Venían de colonias y hacían los trabajos más abyectos o despreciables.

A eso se dedicó Javier toda la vida, en todas las ciudades en las que estuvo.

Al final, en sus últimos dos meses de vida en Sancián, China, Javier también pidió limosna. Pero para él mismo, pues se quedó solo. No tenía nada.

* * *

El otro experimento, por decirlo así, de la tradición jesuita es el trabajo en hospitales. Se trata –obvia decirlo– de un servicio, acompañando en sus necesidades a personas con poca salud y generalmente en soledad. Pero, como experiencia formativa, ayuda a acercarse al dolor humano y a personas de carne y hueso que están sufriendo mucho. Quizá esto sea lo más duro, la desesperación por falta de salud.

En aquel tiempo, los enfermos formaban parte de las personas más pobres. Ahora también, es cierto, pero hace unos siglos estaban mucho más abandonados. Se trataba de entrar, poniéndose a su servicio, en uno de los oficios más bajos y humildes. Es decir, en las tareas menos reconocidas socialmente y que más duras o incómodas resultan. Hay trabajos exitosos, bonitos o que te gustan. Aquí se pide que elijas lo que no quiere hacer nadie, por sucio, cansino o desagradable.

Pero la realidad es que estar con la persona que sufre te conmueve. Es más, te pone en crisis: ¿Por qué está ese o esa tan mal y yo tan bien?

Vivido con profundidad, el servicio a los enfermos no va solo de hacer tareas, sino de estar con personas. Si además pretendes querer a esas personas que ayudas y están socialmente tan desfavorecidas, te cuestionas muchas cosas. Aprendes a acercarte a otros por amor o por servicio. Y a ver la vida, la sociedad, el trabajo, la pastoral, desde los que tienen poco o muy poco. Eso interpela, es transformador. De esto se trata, en definitiva. Pero también es una prueba. Te educa el gusto. Es un medio ignaciano para cambiar y crecer, humana y espiritualmente.

Es fácil de imaginar: no piensa igual el que está instalado, vive con seguridad y tiene recursos materiales y humanos, que la persona a la que le falta todo esto. Pues, para ser inclusivo, hay que acercase a los excluidos y pensar desde ellos. Y lo mismo si hablamos de víctimas del maltrato, del terrorismo o a causa de cualquier otra discriminación que sea.

Toda esta proximidad hizo que Javier cambiara. Optó por vivir muchas veces con los pobres y enfermos. Aprendió a ser incluyente. Cuando podía, dormía pegado al enfermo que estaba más grave y en peores condiciones, para atenderlo si había alguna urgencia durante la noche. Si hoy visitara una ciudad en un viaje no diría: «¿Dónde está la cafetería más bonita o más de moda?», sino que, probablemente, preguntara: «¿Dónde viven los más pobres?». A eso se llama educar la sensibilidad.

* * *

Poco a poco, Javier se fue dando cuenta de una cosa: estar con los más pobres le daba autoridad moral en otros temas. Pero, cuidado: no es que lo hiciera por quedar bien. Conociéndolo, podemos suponer que lo haría por espíritu de solidaridad, de entrega a los demás, de sentir que Dios lo llamaba a eso, a compartir la vida y la fe, a estar con los que más sufrían, por sentir que Dios está en los que padecen, etc.

Pero también porque san Ignacio se lo pidió. El de Loyola había pedido muchas veces en su vida dinero para los pobres. Y luego lo repartía entre ellos y estaba con ellos. Eso le daba una perspectiva de la vida y de la sociedad distinta a la de estar solo con los que están bien o con los poderosos o los profesionales instalados.

A consecuencia de esta sensibilidad y esta práctica, Javier acuñó y comenzó a utilizar una expresión: «pensar a buena parte». ¿Qué significaba esto para él? Cuando alguien comunica algo, el que le oye lo puede entender como quiera. Es decir, hacerle caso o no, interpretarlo o tomarlo como quiere, estar de acuerdo o no. Nadie tiene por qué hacer caso cuando otro le habla o le predica. Cada uno interpreta las cosas a su modo. Pero Javier se daba cuenta de que, lejos de generar escándalos, este trabajo con los pobres le hacía ganar en autoridad moral ante la gente. Le hacían más caso. Usando, pues, sus palabras, ayudaba a que se «interprete a buena parte» lo que él decía, se le entendía como él quería que se le entendiese. Veamos algunos ejemplos.

A un jesuita con destino nuevo le dice que, sobre todo al comienzo, haga actos de humildad y así la gente estará a buenas con él: «Sobre todo, os encomiendo, por amor y servicio de Dios nuestro Señor, que os guardéis de escándalos, lo que evitaréis si el pueblo viera en vos mucha humildad. En los principios habéis de trabajar mucho en todas obras bajas y humildes, porque de esta manera estará bien el pueblo con vos; y ganada la voluntad al pueblo, las cosas que hiciereis, siempre las irán interpretando a buena parte, principalmente cuando os vieren perseverar de bien en mejor; y mirad que no descuidéis, que quien no va adelante, torna atrás» [101,6].

Sabemos que el dinero siempre puede ser motivo de tentación y, por ello, causa de escándalo. Javier le dice a un compañero jesuita que de los temas de dinero se encarguen los laicos de la Misericordia. La Misericordia era entonces como Cáritas ahora para nosotros. Pide, pues, al jesuita: los temas de dinero, que los lleven otros, no tú. No quiere que haya sospechas o escándalos atribuibles a miembros de la Compañía. Además, señala también que la gente interpretará las cosas a «buena parte» si uno está limpio de sospechas en temas económicos: «La limosna que a estos habéis de dar, dadla a la Misericordia y ella la dispensará a los pobres más necesitados y conocidos: y esto por muchas causas; [entre ellas] para evitar sospechas y escándalos de los hombres, que recibís limosnas y dinero, y que de él os podéis aprovechar: porque cuando los hombres están tentados, interpretan las cosas, a veces, a mala parte; y para evitar este inconveniente, es bueno remitir todas las limosnas a la Misericordia» [80,5].

En resumen, Javier decía que primero hay que ganarse a la gente. Y en temas de dinero, cuidado: la gente sospecha y se pone a pensar «a mala parte». Por otro lado, Javier sentía que ser solidario ayudaba a que luego la gente le hiciera más caso, le daba cierta autoridad. Además, tomaban a bien lo que decía. Pero no deja de recordar que las personas interpretamos todo a nuestro modo, que no podemos esperar que los demás nos hagan siempre caso porque sí.

En cualquier caso, Javier estaba persuadido de la bondad de su método, pues recomendaba a otros actuar en la misma línea que él había escogido. Como cuando se dirige a un jesuita al que hace superior en una ciudad diciéndole que haga algo parecido: si quieres que te hagan caso, estate con los pobres.

* * *

Además de las cuestiones relativas al dinero y a la pobreza, o a la necesidad de atender a enfermos y presos, Javier también fue más allá del grupo de funcionarios y mercantes portugueses e hizo pastoral con otros grupos, en concreto esclavos y mujeres, que estaban menos atendidas. Lo hizo primero él, personalmente, y luego lo solicitó a los suyos. En una ocasión, le pide a un jesuita: «predicar los domingos y fiestas a los portugueses, y después de comer, a los esclavos y esclavas, y cristianos libertos de la tierra, sobre los artículos de la fe, y un día en la semana a las mujeres e hijas de los portugueses» [63,3].

Otro ejemplo: en el nombramiento de un jesuita como superior, le recomienda que haga cosas humildes y también que predique él personalmente a unos y a otros: «Las cosas bajas y humildes tendréis grande prontitud en hacerlas, para adquirir humildad y crecer en ella: de manera que tendréis cuidado de enseñar vos mismo las oraciones a los hijos de los portugueses y esclavos y esclavas y cristianos libertos de la tierra; y no confiéis a otro este cargo, pues se edifican mucho las personas que os lo ven hacer, y la gente acude más a oír y aprender la doctrina cristiana» [80,2].

De igual modo, pide predicar «a sus mujeres y cristianos de la tierra, y a enseñar la doctrina cristiana a sus hijos e hijas, y a todos sus esclavos y esclavas, de la manera que yo hacía» [59,14]. Se ve que Javier no quería que se hiciera distinción de personas.

En una de sus cartas, Javier da testimonio de la práctica de otro padre, presentándolo como modelo de conducta: «Todos los domingos y días festivos predica en la iglesia mayor a los portugueses; y a la tarde, a los esclavos y esclavas, y gente de la tierra, liberta y cautiva; predica los artículos de la fe; y un día en la semana predica [en una ermita] a las mujeres de los portugueses y casadas de la tierra; y todos los días hace la doctrina en la Misericordia a los niños; y además de hacer todo esto, se ejercita en confesar cuanto puede» [84,16].

Lo mismo repite en otro lugar, para que el Evangelio no quede sin anunciarse a ninguno: «Si hubiese muchos padres en casa, que puedan enseñar fuera de casa las oraciones a los niños y esclavos y esclavas, mandaréis por las otras iglesias que vayan a enseñar las oraciones a las horas acostumbradas, como en la Misericordia y en las otras iglesias; y los domingos en lugar de las oraciones predicarán a los niños y esclavos la vida de un santo» [92,3].

Finalmente, también a los laicos que hacen los Ejercicios espirituales les propone la tarea de «servir en el hospital y visitar a los que están en la cárcel y servirlos, o en alguna cosa de la casa de la Misericordia» [115,2]. Javier no se dejaba a nadie a la hora de proponer un estilo de evangelización que daba fruto.

* * *

¿Qué aprendemos de todo esto?

Hemos visto que Javier se acerca a personas de distinta clase. No solo va de modo pionero y arriesgado a países distintos con personas de religiones y culturas diversas, sino que, allá donde va, sea una ciudad o un barco, se fija en los pobres, presos y enfermos. El tiempo de su actividad pastoral no solo era para esa clase media noble portuguesa y funcionarios socialmente instalados, sino para otros grupos, a menudo más alejados de la Iglesia.

En todo esto, creo que podemos hallar una invitación a dos cosas. Por un lado, a estar siempre abiertos a personas y grupos más allá de los conocidos. Los empresarios y tenderos lo harán para conseguir más clientes, y está bien. En la Iglesia, sin embargo, se hace para extender el mensaje. Si nos apoyamos en la teología actual, también porque creemos que, haciéndose así, se aprende de otros, que el mensaje es incompleto si no es inclusivo. La palabra *católico* nos recuerda esta aspiración universal del cristianismo. No para imponer a todo el mundo aquello en lo que creemos, sino para tener, en todo, una perspectiva más universal.

Ser católico implica ir hacia los márgenes para llegar a todo el mundo. Porque creemos que Dios está esperándonos allí, en las personas más pobres y sufrientes. También en otros modos de pensar. Esto último nos cuesta a veces aceptarlo. Abrirse a otros es difícil, pero da buen resultado: gracias a eso el mensaje se renueva. Es una invitación siempre abierta para tener en cuenta a los excluidos, a los que no están en el centro de la sociedad o la Iglesia organizada. Experimentar la debilidad humana, el sufrimiento o la vulnerabilidad. Todo eso cambia la forma de pensar. En realidad, puede que la experiencia no nos quede tan lejana: es como esa familia en la que existe un miembro con un problema de salud muy grande desde que era niño o niña. A la larga, esa familia resultará ser más sensible a los que tienen problemas de salud.

En cualquier entorno tenemos personas exitosas, que están bien, que disfrutan y saben aprovecharse de las cosas. Se trata de educar la sensibilidad para amar más a los perdedores, los problemáticos y los que sufren. Todo un ejercicio espiritual que Javier se dedicó a practicar desde los tiempos de París.

* * *

Señor, te damos gracias por lo que aprendemos
de los que son distintos a nosotros.
Por lo que otros, nos inspiran, nos enseñan y
nos enriquecen.
Señor, agradecemos el testimonio de tanta
gente buena y solidaria que nos edifica.
Agradecemos que la catolicidad de la Iglesia
nos abra horizontes y nos enriquezca.

Dios nuestro, danos fuerza para atender a
enfermos, presos y pobres.
Que sepamos compartir nuestra vida, nuestro
tiempo y nuestros recursos.
Dios nuestro, que ayudemos a que la sociedad
tenga leyes inclusivas.
Que seamos interiormente libres para verte en
los que más lo necesitan.

3

Preferir lo espiritual a lo material

En tiempo de Jesús parece que existían muchas necesidades apostólicas, pero pocos apóstoles. De hecho, en el evangelio de Mateo, leemos: «La mies es mucha, pero los obreros pocos. Rogad, pues, al Señor de la mies, que envíe obreros a su mies» (Mt 9,35-38). Hoy también decimos que hay pocos obreros para la misión, y lo mismo en la época de Javier.

Si hay tanta tarea que llevar a cabo, entonces la pregunta es: ¿qué hay que hacer? ¿Cómo discriminar entre necesidades? La respuesta no puede ser otra que reflexionar, discernir y decidir a qué dedicarse: dónde hay más necesidad, dónde se hace más fruto, etc. No se puede hacer todo. Por lo tanto, hay que pensar bien a qué dedicar nuestros escasos recursos.

El título para la meditación de este capítulo: «Preferir lo espiritual a lo material», tiene que ver con lo que estamos diciendo, aunque pueda parecer un poco provocador en los tiempos que corren. Sin embargo, creo que nos servirá para conocer el modo de proceder de Javier. ¿Qué entendía él por material? ¿Y por espiritual? De este modo, podremos ver qué aprender nosotros. Ante la inmensa tarea de la viña del Señor, ¿a qué dedicar nuestros esfuerzos?

* * *

Creo que para un tema como el que nos ocupa, es bueno comenzar considerando las distintas necesidades humanas. Desde hace años se estudian desde la psicología y otras ciencias. Hace casi ocho décadas se hizo famosa la «pirámide de Maslow», un modelo para las necesidades humanas que las presenta como una pirámide jerárquica. El punto de partida es que existen necesidades más fundamentales que otras. Las más básicas se colocan en la parte de debajo de un dibujo esquemático en forma de pirámide, como se ha dicho. Cuando la del nivel de abajo se ha cubierto, se pasa a la siguiente. Las últimas, las de arriba, son necesidades de más nivel.

Fue el psicólogo Abraham Maslow quien definió cinco niveles de necesidades humanas:

1) La necesidad más básica es la comida y la bebida, que permiten la supervivencia física. Si no tienes alimento, mueres.

2) En segundo lugar, supuesto que lo primero ha quedado cubierto, están la seguridad y protección, tener casa, dinero, recursos. Son también necesidades materiales.

3) En tercer lugar, vienen las necesidades sociales, como la relación, la pertenencia, la amistad, la intimidad y el amor. A través de ellas vemos cómo la persona crece.

4) Hay un cuarto nivel. En él se encuentran la necesidad de aprecio, la estima y reconocimiento, la confianza, el respeto o el éxito, los logros, el estatus, la reputación, la fama o la dignidad.

5) Por último, Maslow añade un quinto nivel, lo que llama «necesidad de autorrealización». Aquí aparecería la moralidad, la creatividad, la espontaneidad, la motivación y satisfacción por la vida.

El lenguaje psicológico nos ayuda, si bien es cierto que, después de ochenta años, hay más modelos y teorías además de la pirámide propuesta por Maslow. El mérito principal de esta es aportar un esquema sencillo, fácilmente entendible y en el que nos podemos reconocer: alimento; seguridad; necesidad social: pertenencia, amor; reconocimiento, dignidad; autorrealización.

Ahora volvamos a Javier. Cuando él dice preferir lo espiritual a lo material, no creo que esté refiriéndose al desprecio de las cosas materiales. Pero sí podemos afirmar que tiene puesta la mirada en los niveles más altos de la escala de Maslow, o de cualquier otra escala humanista de necesidades que propongamos.

Si hablamos de la dimensión espiritual, es cierto que esta afecta a cualquiera de los aspectos de la pirámide, pero incide sobre todo en ese último nivel al que apunta Francisco Javier: la autorrealización, la moralidad, la libertad, la satisfacción por la vida. La evangelización también entraría dentro de ese quinto nivel, pues consiste en fomentar el cuidado de la vida interior. Pero sin perder de vista que motiva y da sentido a todo, a cualquiera de los niveles de necesidades humanas.

Lo espiritual apunta a algo difícil: al sentido de las cosas y a la felicidad profunda de las personas. Si hablamos desde lo comunitario, apunta al alma de los pueblos o de las culturas. Es evidente que si Javier llegó tan lejos en su labor evangelizadora no fue por preocuparse exclusivamente de lo material. Lo espiritual generaba un dinamismo muy potente en él, era una preocupación fundamental. En este sentido, necesitaba saber cómo se entendían a sí mismos los distintos pueblos. A Javier le preocupaba conocer qué se movía en la interioridad asiática, en sus religiones y modos de pensar, y ver qué les podía él ofrecer. Cosa distinta es si les llegó a entender del todo bien −incluso hoy es difícil para nosotros, occidentales, saber si lo hacemos−. El diálogo intercultural es difícil. Pero lo que no se puede negar a Javier es su voluntad de acercamiento, de entender. Ciertamente, hizo un gran esfuerzo.

Si continuamos dentro del marco ofrecido por Maslow, podemos decir que la oferta de fe de Javier se jugaba y se cuestionaba en ese quinto nivel de sentido mencionado. Pensémoslo a través de un ejemplo actual: la peregrinación al Castillo de Javier. Es evidente que, dentro de esa experiencia, un ojo va a estar puesto en el viaje, en la seguridad, en lo que se va a comer, con quién se camina y dónde vamos a dormir, si nos quedamos allí. Pero no se peregrina a Javier solo para estar en aquel lugar. Se busca algo más: que se alegre el alma, que la peregrinación reconforte, que dé sentido en la vida.

Todo esto es lo que encontramos también en el Evangelio. Javier, esa figura tan espectacular, recoge su espíritu y nos invita a entrar en él. Por ello fue a Asia. Lo material está bien y es importante. Pero lo espiritual es más difícil. Hay una parte material, física, en lo que hizo o enseñó Jesús de Nazaret. Pero no se le conoce por eso. Lo decisivo es que todo en su actividad apuntaba a lo profundo de la persona. Es desde ahí desde donde Jesús trabaja, sabiendo que lo espiritual influye en lo material.

* * *

La aportación de Maslow tiene un gran valor por lo que supone de clasificación de las necesidades humanas. Pero vamos a ver también cómo podemos entender esto desde la fe.

Para ello, quiero detenerme en uno de los textos doctrinales escritos por el mismo Javier, en el que trata el tema de las obras de misericordia corporales y espirituales. Hay varias afirmaciones en ese escrito que resultan muy valiosas.

«Las obras de misericordia corporales son siete».

«La primera es visitar a los enfermos». Esto Javier lo hacía, como sabemos.

«La segunda dar de comer a quien tiene hambre». Se preocupaba de la gente, sobre todo cuando los cristianos eran perseguidos, atacados, robados, a veces maltratados, heridos o asesinados.

«La tercera dar de beber a quien tiene sed». Parecido a lo anterior.

«La cuarta es redimir a los cautivos». Iba donde estaban los presos y se preocupaba por ellos, por sus necesidades espirituales y materiales.

«La quinta es vestir a los desnudos».

«La sexta es dar posada a los peregrinos».

«La séptima es enterrar a los muertos» [14,19].

Javier llamaba a esto obras de misericordia temporal. Dedicarse a los enfermos, a paliar el hambre y la sed, a los presos, desnudos, peregrinos (o forasteros o inmigrantes), a los muertos.

Después, añade las obras de misericordia espiritual:

«Las obras de misericordia espiritual son siete».

«La primera es enseñar a los simples sin doctrina». Javier se acercaba a enseñar a muchos colectivos, niños, hombres, mujeres, esclavos... No estaba solo con los portugueses que ya tenían algo de formación cristiana.

«La segunda, dar buen consejo a quien lo ha menester».

«La tercera es castigar a quien ha menester castigo». O sea, corregir.

«La cuarta es consolar a los tristes desconsolados».

«La quinta es perdonar al que ha errado». Sabemos que se acercaba a las personas y buscaba consolar o dar buen consejo. Para eso hay que hacer el esfuerzo de salir de donde estás e ir a buscar al otro, acercándote a su casa y a sus necesidades; salir, o tener tu casa abierta, como una parroquia siempre dispuesta a atender al que viene. En una carta Javier decía: «Si el agua no fuere al molino, que vaya el molinero donde hay esta agua» [25,4]. Es decir, hay que ir donde está la gente.

«La sexta es sufrir las injurias con paciencia». Todos somos criticados en alguna ocasión, descalificados o no queridos. Pero hay que vivirlo con paciencia y perspectiva. En cualquier caso, conviene saber que las injurias o desprecios o malentendidos siempre aparecen.

«La séptima es rogar a Dios por los vivos, que los guarde de pecados mortales; y por los muertos, que los saque de las penas del purgatorio y los lleve al paraíso». Esto significa preocuparse por los demás, pedir por ellos; imaginarse cómo los ve Dios, con su mentalidad [14,20].

Así que, además de las siete obras de misericordia corporales, tenemos estas otras siete obras de misericordia espiritual: preocuparse por el que no sabe, el que necesita un consejo, el errado, los desconsolados, las injurias, rezar por vivos y muertos, etc. La tradición establecía esta división entre obras de misericordia corporal y obras de misericordia temporal. En definitiva, nos preocupamos por lo material y también por las personas, por su vida y su fe.

Pero hay que recordar una cosa. Estos eran textos que Javier sacaba de resúmenes de doctrina en portugués. Los reescribía o retocaba; mandaba hacer copias y las dejaba en las iglesias, en los bancos, para que la gente los leyera (los que supieran leer). Además, esto lo tradujo a varios idiomas: tamil o malabar (al sur de la India), malayo (en Indonesia), japonés y estaba preparando la traducción china. Sus sermones y predicaciones consistían en leer estos textos y explicarlos. Lo que hacía tenía una dimensión formativa fuerte.

* * *

A la luz de todo esto, nos preguntamos, ¿cuál era la clave de la actividad de Javier? ¿Aparcaba lo material y se dedicaba solo a lo espiritual? Since-ramente, no lo creo. No nos equivocaremos si de-cimos que se dedicaba a todo.

No es fácil reconocer hoy en determinados con-textos que se prefiere lo espiritual a lo material. Pue-de que la persona que lo haga sea incluso criticada, pensando que huye de la realidad y de los problemas de la gente. Desde esa crítica, lo espiritual se perci-be como algo más cómodo. La acusación de *fuga mundi* está servida.

Pero en Javier tenemos un ejemplo de que eso no funciona necesariamente así. De hecho, su vida nos hace una advertencia, nos previene de un riesgo: el de dedicarse solo a lo material o corporal, no a lo espiritual. Es decir, como si solo tomásemos en consideración los primeros niveles de la escala de Maslow, con su correlato en las obras de misericor-dia corporales.

Nada de eso es malo. Es decir, Javier no olvida que existen las necesidades materiales; las obras de misericordia corporales siguen siendo necesarias. Pero pide a los suyos que se dediquen también a lo profundo de la persona, una dimensión de un orden más complejo. Porque, en realidad, lo espiritual no es más cómodo o fácil que lo material o temporal. Es más, lo espiritual incluye lo material, cosa que no sucede al revés: lo material puede no incluir a lo espiritual. El cristianismo no es dualista en este sentido: lo espiritual incluye siempre lo material.

Fue la dimensión espiritual la que llevó a Javier a la India. Sus discernimientos eran también posibles gracias a esa dimensión. Así encontraba que Dios le quería por un sitio u otro. Cada vez más lejos, además. No por el deseo de protagonismo, de estar en lugares cada vez más remotos, o por la curiosidad o novedad de viajar, que es nuestra motivación hoy en día, sino por entender que así la Iglesia crecía, que de ese modo atendía a cristianos que estaban abandonados, sin sacerdotes durante años. Más aún, si se plantea ir a Japón y luego a China, es porque cree que estos países son importantes en su entorno. Y eso es por motivos espirituales, más que materiales.

En cada uno de esos viajes, Javier va al corazón de la cultura. Quiere conocer cómo piensan de verdad, quién influye en quién. Y poner eso en contraste con la fe cristiana. Se cansaba la cabeza por querer entender cómo era la gente, cómo llegar a ellos en lo más profundo. Quería conocer la religión de cada lugar. Cómo era lo espiritual de cada cultura y en qué coincidía con la fe cristiana.

* * *

Pero lo material también es importante en la historia de Javier. Se preocupaba de la paz y no de la guerra, de que se pagasen las deudas, de que la gente estuviera bien, de que no se practicara la usura, de que unos no explotaran a otros. También, de modo realista, por el dinero: buscaba financiación del gobierno y de los mercaderes, para ayudar a la misión y a los pobres.

En relación con estas cosas, es muy ilustrativo un pasaje de la vida de Javier. Sucedió en París, en su época de estudiante. Allí dependía del dinero que le pasaba la familia desde Navarra. Pero llegó un momento en que no pudieron ayudarle mucho. Se quedó sin dinero y fue Ignacio de Loyola quien le sostenía económicamente. O le enviaba estudiantes jóvenes a quienes Javier podía dar clases particulares y así ganar algo de dinero para sus gastos.

Más tarde, Javier hizo los Ejercicios espirituales con san Ignacio y comenzó a optar por la pobreza. A resultas de esto, tomó la decisión de despedir a un empleado que tenía a su cargo. No porque le tuviera manía o no valorara su trabajo, sino porque había elegido llevar una vida más austera.

Aprendió de Ignacio. Sabía que este no quería *forrarse* cuando pedía dinero. Se trataba de ayudar a la gente. Pero también de algo más. Aquellos a quienes ayudaba le hacían más caso. Es lo que sucedió con Javier, que dependía económicamente de Ignacio. Lo que acaba produciéndose es que el primero asimila el estilo del segundo: el dinero no es lo importante, hay que usarlo para lo que hay que usarlo; en el caso de los estudiantes, para pagar los estudios y sobrevivir.

Depender económicamente de Ignacio no hizo que Javier se plegara sin más a la voluntad de aquel.

En realidad, los primeros dos años en que convivieron como estudiantes, Javier hizo poco caso a Ignacio, incluso se burlaba algo de él. Sin embargo, Javier capta pronto la intención de Ignacio. No le movía el dinero, sino lo profundo, aunque sabía manejar dinero. Más tarde, el santo navarro se daría cuenta de que lo importante en la vida es el sentido que das a las cosas: ¿para qué ganar el mundo si te pierdes a ti mismo?

Javier descubrió y experimentó que Dios ama, y que nos da una alegría más profunda que la que procede de las cosas materiales.

Pongamos dos ejemplos más de cómo la atención a lo espiritual no supone un olvido o evitación de lo material.

En varias ocasiones, Javier pide a un jesuita que vaya al hospital y que atienda pastoralmente a los enfermos. Pero le dice algo más: que se entere también de las necesidades materiales –temporales– que tienen y busque soluciones para ellas: «Habéis de visitar a los pobres del hospital y de cuando en cuando los exhortaréis; y predicaréis lo que cumple a sus conciencias, moviéndolos a que se confiesen y comulguen (...); y después en las cosas necesarias los favoreceréis hablando a los que tienen poder y mando para favorecerlos en las cosas temporales» [80,3]. Es decir, se preocupa de lo material y de lo espiritual.

En las visitas que Javier realiza a los presos podemos ver tres dimensiones: por un lado, la visita en sí misma, estar con ellos; por otro, la labor pastoral que realiza; en tercer lugar, los atiende materialmente. Estas son las palabras que dirige a los suyos: «A los presos los visitaréis y les predicaréis, exhortándolos que se confiesen generalmente de toda su vida pasada, porque entre esas personas hay muchas, las más de ellas, que nunca se han confesado. A estos tales, los encomendaréis a la Misericordia, que tenga especial cuidado de favorecerlos con su justicia y darles lo necesario a los pobres que padecen» [80,4]. Como señalaba en alguna página anterior, «La Misericordia» era una organización llevada por laicos, con fines parecidos a lo que hacemos hoy con Cáritas y otras ONG de contenido social.

No nos cansaremos de repetirlo: en la persona y la misión de Javier, lo espiritual se mezcla con lo temporal: «Después que llegué a Cochín recibí muchas cartas de Coulán y del Cabo de Comorín, y en todas ellas me representan necesidades que padecen, así espirituales como temporales» [119,1]. Es más, el santo navarro se da cuenta de la presión que ejercen sobre el ánimo las cosas temporales: «Muchas personas (...) os irán en las confesiones, como fuera de ellas, a contar sus necesidades temporales, más que las espirituales» [114,6]. O también: «Muchos hay que se llegan a las confesiones para declarar sus necesidades temporales, más que las espirituales (...). Estos no sienten las necesidades del espíritu» [117,27].

Para terminar con esta exposición de la relación entre lo temporal y lo espiritual, añado una cita en la que se une esa segunda dimensión con la gratuidad. Lo espiritual es una invitación a la generosidad. Dice así Javier: «A los sacerdotes, por amor del premio espiritual, les gusta decir misa gratis, y por amor de Dios, sin ninguna esperanza de premio temporal» [16,4]. Hacer las cosas *gratis* es el principal signo de una vida espiritual profunda.

* * *

¿Qué aprendemos de todo esto?

Espiritual y material son dos palabras que desentrañan la realidad. En realidad, no es fácil describirlas con precisión, porque cada término significa cosas con matices distintos según lugares, idiomas y momentos de la historia.

Para los cristianos –no solo sacerdotes– lo espiritual es lo profundo, lo que no se ve. Vivido en cristiano, lo espiritual tiene que ver con la fe, con la paz, la generosidad, la misericordia, la justicia o el amor. Es algo que descubrimos dentro de nosotros y queremos sacar de nuestro interior, expresarlo y compartirlo.

La necesidad de expresarse de un cristiano no dista de la de otros. De la misma manera que un poeta tiene algo que decir, un cantante algo que entonar, un pájaro desea cantar... lo mismo un cristiano. Ha descubierto algo en Dios, una gratuidad, un amor… y lo quiere expresar.

En el mundo de hoy la ciencia ha adquirido un carácter preponderante. Pero la ciencia no nos puede hablar de lo espiritual. Tiene otra finalidad. Nos da mucha luz sobre lo material, pero no sobre su sentido y finalidad. Lo espiritual, como otras disciplinas, da alma y horizonte a lo material. La revelación nos invita a entender lo espiritual desde la vida de Jesús.

Lo que hemos defendido en este capítulo es que lo espiritual te hace implicarte en lo material. Javier es un ejemplo de vida espiritual con muchísimas consecuencias en lo material. Como se dijo, lo material puede no llevarte a lo espiritual. Pero si se ayuda a la persona desde el fondo, desde lo espiritual, seguramente obtendremos dos resultados: disfrutará de una vida espiritual y profunda y lo transmitirá; además, será alguien que trabajará en lo material bien, sin escaparse de la realidad.

* * *

Señor, te damos gracias por el don de la fe,
que nos alienta en la vida.
Agradecemos los testimonios de fe y vida que
nos alegran e ilusionan.

Señor, te damos gracias por la esperanza que
muchos santos nos dan.
Y también por disfrutar de dones materiales
que podemos compartir.

Dios nuestro, pedimos profundizar en la fe
y en el sentido de la vida.
Pedimos que el amor nos lleve a ayudar
en lo material a los más necesitados.
Dios nuestro, pedimos encontrar fuerza
y ánimo desde la fe.
Que la vida interior nos ayude a promover
la justicia y la reconciliación.

4

Proponer oración sentida y sacramentos

¿Cómo era la acción pastoral de Javier? En esta meditación partimos de esta pregunta. Vamos a repasar algunos rasgos de la actividad del santo navarro, para ver de qué manera nos pueden ayudar hoy.

Si una cosa propuso Javier a las gentes con las que trataba era una vida de oración. Él era muy consciente –lo había experimentado con los Ejercicios espirituales– de que rezar transforma poco a poco la vida de las personas. Orar permite que nos encontremos con lo profundo de nosotros mismos, entrando así en el misterio de Dios.

Esta praxis pastoral procede, como decimos, de una profunda vivencia personal de Javier. Se trata de una experiencia de Dios que le toca y le afecta. La vive. Esa misma experiencia es la que quiere compartir, porque cree que es buena, y eso le impulsa a darla a conocer. A cada persona con la que se encuentra le quiere contar eso que siente de Dios.

Por otro lado, lo hace de modo graduado o escalonado. Esto es propio de alguien que usa el discernimiento en su acción pastoral. Él comienza con lo básico: primero conocer la fe y que se bauticen. El deseo de Javier es que conozcan lo mínimo o elemental de la fe, sus rudimentos. Así que prepara materiales para catequesis o doctrina: desde lo más sencillo de entender, pasando por cosas más prácticas que resuman la fe (en el capítulo anterior analizábamos las obras de misericordia corporales y las espirituales), hasta tratados de fe un poco más elaborados.

Después de esta primera etapa, Javier quiere que las personas crezcan en la fe y que perseveren. Para lograr este fin existen tres medios: los sacramentos; la vida coherente y honrada en servicio a los demás; y la formación cristiana.

En primer lugar, los sacramentos. Por ejemplo, la confesión y la eucaristía pueden verse como medios para comprometerse a seguir una vida cristiana con la Iglesia. Son ayudas para vivir la fe y comprometerte con ella, con la comunidad.

En segundo lugar, como se ha dicho, una vida coherente y honrada. En esto Javier se fijaba de un modo especial. Era listo para preguntar y captar cómo vivía la gente y qué hacía, quién se aprovechaba de quién, quién sufría, quién era buena persona, quién ayudaba a los demás. Si alguien era malo, también se preguntaba qué problemas había que corregir.

Por último, la formación cristiana. Desde sus fundamentos a lo más elevado. Javier dedicó muchos esfuerzos a formar catequistas. Incluso en Goa (India) tuvo muchos jóvenes extranjeros formándose para ser catequistas y seminaristas. Jóvenes de más de diez lenguas y países de Asia. Para que, a su vez, volvieran a sus países de origen. De esta manera fomentó Javier el clero local, cosa que otros no hicieron y no querían hacer, ya fuera en Asia o en América. Fue pionero. Tenía una estrategia para formar catequistas y preparar seminaristas de distintas lenguas y culturas. Tenía jóvenes, incluso chinos y japoneses, formándose en Goa.

* * *

Acerca del bautismo, es bueno recordar una cuestión. Hay que recordar el momento histórico en el que vive Javier y la teología que él mismo manejaba. Él cree que quien no se bautiza va al infierno. Estamos hablando de la mayor de las desgracias, pues supone la condenación eterna. Por lo tanto, bautizar es consecuencia del amor: porque tiene compasión de las personas, porque no quiere que vayan al infierno, Javier bautiza. En esto se basaba parte de su celo apostólico. Amaba y quería tanto a la gente que les proponía que se bautizasen. Porque les deseaba su bien.

Pero esta actitud suya le llevo a tener diálogos difíciles, por ejemplo, con japoneses devotos. Estos se convirtieron al catolicismo, pero no entendían cómo sus padres, que eran buenas personas y ya habían fallecido, estaban en el infierno. A algunos japoneses les dolía mucho oír esto. Y lo peor es que no se podía hacer nada. Además, estaban acostumbrados a los monasterios budistas en los que, si pagabas dinero, rezaban para que tú y tus familiares fuerais al cielo. De este modo se compensaban los pecados propios y los de tus familiares queridos: pagando para que en el monasterio rezasen por ello. Lo que les decía Javier (algo así como «no hay nada que hacer») les causaba una crisis y una pena muy grandes.

Sin embargo, creo que nosotros no razonamos exactamente así. Pensamos que la misericordia es más grande. Por supuesto que bautizarse está bien, claro, pero no creemos que el infierno está lleno de millones de personas que han muerto sin estar bautizadas.

Francisco Javier bautizó a muchos, sobre todo en el sur de la India. Sentía que tenía que hacer eso. Más allá de sus creencias y convicciones, lo que resulta claro es el celo que Javier mostró.

* * *

Para seguir con estas consideraciones sobre el espíritu de Javier y su apostolado, recordemos ahora algo sobre el sacramento de la reconciliación, dentro de su actividad pastoral.

Hay una cosa que llama la atención en la actitud de Javier respecto de este sacramento, y conviene destacarlo: lo hacía despacio, invitando a la gente a hablar. En una carta a un jesuita le decía: «Las confesiones sean despacio, para hacer provecho en las almas, dándoles algunas meditaciones» [121,10]. Quería que las personas maduraran y fueran conscientes de su situación. Incluso se acercaba a los que no sabían cómo confesarse, porque su cultura religiosa era pequeña o muy pequeña. Eso ocurría por ejemplo con los presos. Les enseñaba cómo confesarse.

Junto a la confesión, Javier practicaba la dirección o el acompañamiento espiritual. Es decir, no quería que la confesión fuera un trámite, sino un momento de crecimiento personal. Buscaba el arrepentimiento e incluso, a veces, que pusieran en práctica la penitencia antes de la absolución (por ejemplo, devolver dinero). La confesión podía consistir en varias entrevistas.

En realidad, esta era una práctica de los primeros jesuitas. Utilizaban la estructura eclesial formal y, en vez de criticarla o descalificarla, como hacían los protestantes, la utilizaban para mejorarla desde lo profundo. Pensaban en reformar la pastoral y la vida de los cristianos, pero sin criticar o desautorizar a la Iglesia oficial. Más bien, partiendo de lo que había, buscaban mejorarlo y aprovecharlo para el bien de las personas.

Era conocido también como Javier iba a comer a veces a casas de *pecadores*. Con sus buenas tablas humanas y habilidades sociales los quería persuadir para que cambiaran y se dedicaran a las obras buenas.

Por ejemplo, en el caso de que un cristiano viviera con muchas concubinas, Javier se enfrentaba a la situación. Iba a comer a casa de la persona en cuestión. Se interesaba por él y por las concubinas, de dónde eran, etc., y las iba conociendo. Al acabar de comer buscaba que el cristiano, o en su caso el musulmán, despidiera, con una salida digna, a algunas de las mujeres. Volvía otro día a comer y le convencía de que dejara a otra u otras de las mujeres. Así se quedaba con cada vez menos. Y al final lo convencía para que eligiera una y se casara. O no, si no convenía.

Se preocupa también por cómo vive la gente y si unos viven a cuenta de otros. Invita a los confesores a que se informen bien sobre esto. Incluso plantea una estrategia: les dice que no pregunten directamente al penitente: «¿Retienes lo ajeno?». Como la respuesta será probablemente que no, pide que el confesor se entere de cómo funcionan las cosas y de lo que se hace mal en ese entorno social en el que está. Lo que busca es que los que abusan de su posición dominante devuelvan el dinero que logran de modo no ético. No está hablando de la corrupción del siglo XXI, sino de la del del XVI.

Esta cuestión aparece en la cita, algo larga, que incluyo ahora: «Cuando confieses, tendrás mucho tiento en preguntar a los hombres el modo que tienen de ganar su vida en sus negocios; y si en ellos captas alguna usura, no confíes en palabras de muchos que dicen: "no me acusa la conciencia de cosa de restitución", porque hay muchos que no les remuerde la conciencia, porque no tienen conciencia, o si la tienen, es muy poca. Cuando confieses a oficiales del rey, principalmente capitanes, funcionarios, o cualesquier otros que tuvieren cargos del rey (...), pregunta con mucha diligencia que te digan cómo ganaban su vida en los tales cargos».

Prosigue la cita anterior: «Y que particularmente te den cuenta; porque, por la cuenta que te den, y de cómo se aprovechan del dinero o haciendas ajenas, no dejando comprar a otros, antes que los capitanes compren o vendan o funcionarios, ayudándose del dinero del rey, no cumpliendo los mandatos de las personas que tienen servido al rey, para que él les pague. De manera que les preguntarás particularmente del modo y manera que tienen en negociar, para ganar su vida; porque de esta manera sabrás de ellos si están obligados a restitución o no, mucho mejor que si les preguntas: ¿retienes lo ajeno? Porque a esta pregunta fácilmente te dirán que no, porque es costumbre que los hombres ganen por malos medios su vida; y, lo que mayor mal es, hay tanta costumbre de hacer mal y vivir por malos modos que ya no se extraña. Por aquí verás cuándo están obligados a restitución o no» [80,15].

Otra de las cosas que aparece en sus cartas es su opción por «hacer paces». En algunos lugares dedicaba los domingos a esta tarea de reconciliación entre personas: «Con la ayuda de Dios Nuestro Señor hice muchas paces entre los soldados y moradores de la ciudad» [55,2]. En otra carta cuenta: «Fueron tantas las ocupaciones espirituales con esta armada, así confesiones continuas, como en predicarles los domingos y hacer paces, y visitar a los enfermos (...), que me faltaba tiempo para cumplir con todos; de manera que no me faltaban ocupaciones» [56,1]. En otra carta: «Les prediqué tres veces, confesé a muchos, e hice muchas paces» [57,8].

Hacer paces fue parte de su rutina en algunos sitios: predicar, confesar y hacer paces.

En los primeros documentos oficiales de los jesuitas, por ejemplo, en la llamada *Fórmula del Instituto* (1550), aparece la tarea de «reconciliar desavenidos» como una de nuestras misiones. Parece que Javier asumió bien este principio.

Hoy en día el término *reconciliación* ha cogido mucha fuerza en la misión jesuita. Siguiendo la estela de lo que dice san Pablo: «Dios por medio de Cristo nos reconcilió consigo mismo y nos dio el

ministerio de la reconciliación» (2 Cor 5,18), busca-
mos la reconciliación de cada uno consigo mismo,
con los demás, con la naturaleza y con Dios.

Además de hablar sobre las concubinas, los di-
neros o hacer las paces, también invita a los pasto-
ralistas a que en las entrevistas aclaren las dudas de
fe de las personas y las ayuden a fortalecer dicha fe:
«Procuraréis que os descubran todas las (...) dudas
que tienen; porque el mayor remedio a los principios es descubrir las tales dudas, y después incitar-
los para que crean firmemente, sin dudar» [80,14].
La fe hay que cuidarla. Por la cabeza pasan muchas
ideas, modas y teorías. Hay que saber formular bien,
de modo sencillo pero tajante, nuestra fe. Y no liar-
se ni dejarse liar, en especial, en estos tiempos de
sobreinformación y de noticias falsas.

* * *

Cuando analizamos sus propuestas de oración, vemos que Javier proponía oraciones basadas en los
Ejercicios espirituales de san Ignacio. Estos Ejercicios son bastante adaptables. Más bien son, por necesidad y opción, flexibles, y se pide que el que da
los Ejercicios los aplique a la persona que los hace.

La primera parte de los Ejercicios plantea la fe
en general y busca una experiencia personal real de
Dios que termine, en algunos casos, en una confesión. Parte de la dinámica de dichos Ejercicios es
«repetir» algunas oraciones, porque es el único

modo de profundizar y personalizar en lo que se está meditando. Lo que él había hecho y experimentado de la mano de Ignacio, lo proponía a mucha gente. Lo importante es sentir y experimentar el amor y la gracia de Dios, no saber sin más que existen.

Como señalo, lo que propone Javier a menudo como oración está basado en los *Ejercicios espirituales* de san Ignacio. El que quiere avanzar en la fe ha de sentirla y vivirla. Ha de ver cómo ora y buscar un método que le ayude. En el fondo, se trata de pararse y detenerse mucho. A un novicio jesuita le escribe: «Cada día por la mañana. Por espacio de media hora (...) meditarás algunos puntos de la vida de Cristo, comenzando con su santo nacimiento, hasta su gloriosa ascensión» [89,1]. Continúa así la recomendación: «De manera que cada mes meditarás toda la vida de Cristo nuestro Señor; y acabada una vez de meditar en un mes, tornarás a meditarla otra vez, por el mismo orden que hiciste el mes pasado» [89,1]. Como se ve, invita a conocer y sentir a Jesús.

A veces ocurre que, en nuestros contextos pastorales, los llamados católicos conocen poco el contenido de su fe. Hoy están más de moda los acercamientos psicologizantes del tipo «yo estoy bien, tú estás bien»; o el *mindfulness*, que busca tomar conciencia de los sentimientos; o textos orientalizantes, con palabras tranquilizadoras y pacificadoras. Son prácticas bonitas que pueden ayudar, pero a veces se utilizan no como ayuda, sino como sustitutivos de cómo hablar y sentir a Dios hoy. Esto último es un paso más y a veces no se sabe dar. De este modo, la fe se va difuminando.

Hay un dato bonito y llamativo. Tras Javier enviaron de Roma a Asia a un visitador, el padre Valignano. La misión de Asia creció tan rápido y de modo tan espectacular, y tenían tan poca información directa en Roma, que querían saber qué pasaba o por dónde iba. Por eso enviaron a esta autoridad, Valignano. Hizo muchos informes sobre la exitosa misión que estaba creciendo en Asia. Dijo, refiriéndose a algunos pueblos del sur de la India donde Javier había predicado: «Los niños conocen aquí mejor el catecismo que en cualquier ciudad europea». Es llamativo que dijera eso. Es un elogio bonito a la pastoral de Javier.

* * *

¿Qué aprendemos de todo esto?

Vemos que Javier lideró unos retos apostólicos muy importantes. Desde la preocupación por las grandes palabras de la fe hasta los acompañamientos y sacramentos concretos y sencillos, estuvo con mucha gente. Adaptó muy bien los principios jesuitas a ese vasto y ancho espacio.

Pero lo hizo, por supuesto, desde sus esquemas, con su mentalidad. Cinco siglos más tarde vemos, con la perspectiva actual, que se trataba de un modo de pensar occidental e incluso colonizador, típico de su época. Pero, más allá de eso, es de resaltar que Francisco Javier vivió una aventura y pasión personal muy fuertes, que procedían de su experiencia de Dios. Como modelo de catequistas y líder apostólico, supo compartir y transmitir eso a miles de personas. Creó estructuras eclesiales muy importantes.

Hoy somos testigos de esa grandísima hazaña, gesta, epopeya, proeza o épica, que podemos hasta idealizar. Nuestras vidas son mucho más sencillas y ordinarias. No vamos a ir en barco a la India, Indonesia, Japón o China. Pero si Javier estuviera aquí nos invitaría a cada uno a profundizar en nuestra vida de fe con alegría, a abrirnos a otras personas y formas de pensar y a ser honrados y solidarios.

* * *

Señor, agradecemos sinceramente el ejemplo
de vida de san Francisco Javier.
Su talante y su entrega hasta el final nos
estimulan e ilusionan.
Señor, agradecemos los caminos que abrió
y su valentía.

Queremos seguir sus pasos de reconciliación y
comunión entre diferentes.

Dios nuestro, danos fe, esperanza y caridad
en nuestras vidas.
Que denunciemos el mal del mundo y
busquemos la honradez y la justicia.
Dios nuestro, ayúdanos a vivir el talante jesuita
de modo renovado y profundo.
Que encontremos en nuestro camino las
llamadas que nos realizas y las cumplamos.

5

Escribir, pensar y usar bien la razón

La meditación de este capítulo es importante para entender a Javier y, por ende, para la fe.

Javier fue durante unos años un académico. Pero no es conocido por sus libros o publicaciones en este ámbito. Permaneció once años en la universidad de París. Dicen que era la mejor del mundo –si son posibles las comparaciones, que nunca son fáciles de hacer–. Su padre, Juan de Jassu, fue doctor en derecho por la universidad de Bolonia, en Italia. Su familia tenía nivel económico para enviarlo allí y él nivel intelectual para alcanzar el grado de doctor. Tuvo otro pariente, Martín de Azpilicueta, también doctor, que fue profesor de derecho canónico en Salamanca.

Como sabemos, su familia destinó a Javier a estudiar. Lo enviaron a París con diecinueve años con una finalidad: hacer carrera universitaria para luego ser clérigo, canónigo, y aspirar a ser obispo. Y Javier lo hizo muy bien. El primer año realizó un curso preparatorio, que en buena parte consistía en aprender latín. Durante cuatro años estudió Humanidades y logró dos títulos: grado y licencia. Luego, fue profesor durante tres años y medio. O sea que Javier fue profesor ni más ni menos que en París. Más tarde, como sabemos, cambió de plan. Hizo tres años de estudios de teología y abandonó París.

Ese «cambio de plan» fue, sobre todo, interior y mental. Fue una importante mudanza interna. Gracias al influjo de Ignacio de Loyola, de la oración, de la reflexión, de los Ejercicios espirituales y al trabajo en hospitales y con pobres, cambió de vida. Ya no usaría la razón, la teología o el sacerdocio para hacer carrera. Los usaría para servir a los demás, para hacer apostolado.

La Compañía de Jesús nació con diez compañeros de París. Todos estudiaron en la universidad. Y, claro, todos tenían un *toque* de esa tendencia intelectual. Eso se notó después. Daban importancia a los estudios, a la formación, al saber, a aclararse intelectualmente, a dialogar con la cultura y el pensamiento, a buscar entender las cosas, a dar respuestas profundas, a escribir, a predicar. Lo llamaban «ministerios de la palabra». No por un intelectualismo, para sentirse superior, ni por buscar saber más para querer dominar a otros, sino por creer que se hace así un mejor servicio a la cultura y a la fe.

Desde entonces se fomenta entre los jesuitas la dimensión intelectual del apostolado. Esto no quiere decir simplemente organizar o tener universidades. Eso es solo una parte. Más bien significa plantearse apostolados de modo instruido, es decir, aportar a los apostolados pastorales, educativos o sociales un toque intelectual, crítico, de profundidad o de pensamiento. No quiere decir no hacer cosas sencillas o no estar con los que no saben mucho. No quiere decir no cultivar la experiencia espiritual, la mística o la fe vivida. No quiere decir no cuidar lo afectivo, la amistad o la ternura o no saber leer los propios sentimientos. Quiere decir hacer todo lo anterior, pero sabiendo lo que haces, entendiendo los porqués, no repitiendo sin más lo que hacen otros, sino teniendo capacidad de innovar y de dar pasos complejos para mejorar el servicio de debatir y defender la fe católica en el mundo de las ideas, en los debates culturales y académicos, con el lenguaje de cada época.

La fe se expresa en términos concretos en cada cultura. Para que la fe creciera –pensaban Javier y los primeros compañeros– además del testimonio personal, evidentemente, hacía falta que la fe dialogara con las distintas culturas y tuviera así cierta carta de ciudadanía.

Nuestro santo era listo y tenía buena memoria. Después de París fue a Italia, Portugal, la India, Sri Lanka, Indonesia y Japón. Lo veremos en Japón discutiendo con sabios japoneses. Es decir que, diez años después de estar en París, de estudiar y dar clase, aparece en Japón y habla del cielo, los rayos, el sol y los planetas. Explica el funcionamiento de los relojes. Muestra una cultura por encima de lo normal. Hoy la llamaríamos cultura científica. Cabe destacar que, en aquel tiempo, dentro del grado o licencia en Humanidades, también estudiaban ciencias naturales, cosa que ahora no se hace. Diez años después, sin haberlo previsto, se acuerda de cosas aprendidas y enseñadas, y debate con intelectuales japoneses de tú a tú.

* * *

Esta afición a lo intelectual se traduce en varias cosas. Por un lado, Javier y los primeros jesuitas se preocupan de redactar textos para la fe. Hacen catecismos y pequeños tratados de teología para explicar en qué consiste la fe.

Creen que la fe, además de vivirla y experimentarla, hay que formularla bien. Pero no se complican la vida. Quieren textos y doctrinas claras, van a lo fundamental. Tras esto, muchas de las predicaciones de Javier consistieron en explicar el catecismo, es decir, explicar los fundamentos de la fe.

Javier buscó los mejores textos que había en portugués. Los llevó o hizo que los enviaran a Asia. Tradujeron sus documentos a varios idiomas. En el sur de la India, al tamil. En zonas de Indonesia, al malayo. Luego, al japonés. Y pensó también (como señalaba en un capítulo anterior) en traducciones al chino, que en parte se parecían al japonés en el lenguaje escrito, no en el hablado.

Javier intentó aprender esos idiomas de mundos y culturas muy distintas. Es una tarea muy compleja la de entender una lengua y una cultura distintas a la tuya. Y con pocos medios. Javier se metió en ese lío. Buscaba ayudas para interpretar lo que él sabía en latín y portugués y adaptarlo a otros idiomas. Eso supone que tuvieron ayuda de mucha gente local que hacían de traductores, adaptando doctrinas europeas a otras culturas. No tenían diccionarios ni gramáticas, como tenemos ahora (y menos aún traductores con inteligencia artificial). Lo tenían que inventar todo y trabajar de modo muy rústico. Fueron auténticos pioneros.

Con esos materiales creados con ayuda de otros, Francisco Javier se dedicaba a leer en público, explicándolos a su manera. Muchas veces no le entendían. Pero tenía algún ayudante traductor. Es un choque de mentalidades tremendo. Vas tú con tu cultura, tu mentalidad y tu idioma. Haces una traducción más o menos buena o mala, dependiendo de tus ayudantes. Seguro que las traducciones de ahora son mucho mejores. Y lees o dices cosas según entiendes. Te entienden un poquito. Un ayudante lo mejora.

A pesar de todo, hemos de decir que Javier y los suyos lograron muchos frutos. Evidentemente, no es perfecto lo que hizo. Es imposible. Hoy, para aprender chino o japonés tardas varios años. Y eso que contamos con muchos más medios. Javier hizo el esfuerzo de escribir y aprender tres idiomas: los mencionados tamil, malayo y japonés. Dedicando solo unos meses a cada idioma se lanzaba a hablar con ayudantes. Fue muy intrépido y valiente. Lo importante es la actitud de ir a otro mundo y presentar la fe y el Evangelio lo mejor que puedes.

* * *

Javier creía en el valor de la razón. Estimaba que nuestra religión es razonable. Pensaba que nuestro modo occidental de razonar es el bueno. No sé hasta qué punto captó que otros razonan de un modo diverso. Hoy, en el diálogo intercultural, partimos de que cada palabra, cada concepto, cada expresión en una cultura y otra tienen sus diferencias. La forma de hablar y de construir las frases no es la misma. Incluso en el castellano de los españoles y los de países de América Latina hay diferencias. Mismas palabras, pero uso distinto, distinta mentalidad. Además, entre la mentalidad antigua y la actual hay más diferencias probablemente que entre mentalidades antiguas de distintos continentes.

En un momento dado, a Javier le cuentan que los japoneses son muy razonables; más que otros; son la cultura más razonable que se conoce. Eso le gusta. Le avisan de que le harán muchas preguntas y se fijarán en si su vida es coherente con lo que predica. Cree que explicando las cosas de modo claro les podrá convencer de lo sensata y buena que es nuestra fe.

Hoy sabemos que esto no es así. El mundo es muy complejo. Los seres humanos pensamos de forma desigual. No nos entendemos bien. Tenemos formas de razonar distintas.

En este punto conviene hacer una observación. Porque, en realidad, la relación entre la fe y la razón es un tema en el que se sigue profundizando. El papa san Juan Pablo II escribió la encíclica *Fides et ratio* en 1998. Francisco completó la encíclica *Lumen fidei* en 2013, que aparentemente había comenzado el papa Benedicto XVI.

No es razonable pedir, entonces, que san Francisco Javier, hace cinco siglos, supiera más que estos tres papas juntos, Juan Pablo II, Benedicto XVI y Francisco, además de todos sus teólogos y ayudantes. Bastante hizo con ir con nuestra fe y su forma de razonar a la otra punta del mundo. Porque no se trata solo de traducir unas palabras o frases. Son maneras de ser, de razonar y de entender la vida, lo humano y lo divino.

Sabiendo esto, Javier hizo muchos esfuerzos. Por ejemplo, en Sri Lanka (entonces Ceilán) llevó a cabo un debate o un seminario sobre temas religiosos. Es increíble que consiguiera eso. Se juntaron líderes de varias religiones: sacerdotes budistas, hinduistas, algunos sabios de Sri Lanka y algunos católicos. Decidieron organizar un diálogo sobre siete preguntas: ¿qué es Dios? ¿Qué es el paraíso? ¿Qué es un ángel? ¿Qué es un santo? ¿Qué es el diablo? ¿Qué es la virtud? ¿Qué es el vicio y el pecado?

Duró dos semanas. ¿Cuál fue el resultado de ese intercambio? Un pequeño caos. El rey lo mandó parar porque había mucha tensión. No llegaron a acuerdos. Pero lo que llama la atención es el mismo intento de un diálogo así de serio hace cinco siglos.

En el origen de la iniciativa estaba el hecho de que el rey de Sri Lanka había prometido al rey de Portugal que se iba a bautizar en la religión católica, pues el segundo le había ayudado y hecho favores. Sin embargo, aunque había dicho que sí, no pudo ser. El rey de Sri Lanka no podía bautizarse. Suponía aceptar una religión extraña, la de los portugueses. Y eso no se lo aceptaría la gente de su país. Además, la situación era tensa. Estando Javier por allí, en dos lugares mataron a cientos de cristianos por el hecho de serlo. El rey dijo que, aunque él personalmente no diera el paso, permitiría que otros ciudadanos se pasaran a la fe católica. Sin embargo, finalmente no fue así. Tampoco les dejaron.

O sea, al final, en el tema de la religión jugaban también factores políticos: la religión cristiana era la religión de los portugueses. No se podía separar el hecho religioso del ser extranjero. Javier tendría buena intención, pero lo veían como enviado de un rey lejano. Sin embargo, se preocupó de transmitir mucho más. Él era el hombre sabio, considerado y respetado también por musulmanes y otros. Aunque eso no quiere decir que fuera perfecto. Hoy en día, con perspectiva histórica, hacemos críticas desde el punto de vista descolonizador, es decir, criticando la parte negativa que tenía la colonización. Como siempre, lo fácil es ser simplista; lo difícil, matizar y separar el trigo de la cizaña. Sin embargo, me quedo con el hecho de que Javier, gracias a su formación, es capaz de ver problemas y plantear propuestas como ese diálogo interreligioso.

En la India estuvo con brahmanes hindúes. En Indonesia, con musulmanes (en algunos sitios suníes, otros chiitas). En Japón, con budistas y sintoístas. En algunas ciudades también había judíos y personas de otras sectas. Iba a los templos hindúes o budistas a dialogar con las autoridades. Algunas cosas le convencían, otras no. Incluso mandaba a los niños bautizados a destruir estatuitas con ídolos de otras religiones. Hoy algunos no le perdonan esto último.

Su diálogo con otras religiones fue limitado, y no lo hizo desde nuestra mentalidad actual. Posteriormente, otros jesuitas utilizaron estrategias más basadas en la inculturación y la adaptación de la religión. Es decir, no ir con nuestro credo sin más, como si fuera una planta que se trasplanta de una maceta a otra.

Cuando estuvo en Japón reflexionó más, y se convenció de que Dios actúa en las conciencias de todas las personas. Comenzó a valorar más las culturas no cristianas u occidentales. Escribió lo que sigue: «Los japoneses sabían que matar, hurtar, levantar falso testimonio y obrar contra los otros diez mandamientos estaba mal, y tenían remordimientos de conciencia en señal del mal que hacían, porque apartarse del mal y hacer bien, estaba escrito en el corazón de los hombres; y así los mandamientos de Dios los sabían las gentes sin que otro ninguno se lo enseñara, sino el Criador de todas las gentes» [96,24]. Algunos piensan que si hubiera permanecido más años entre japoneses o chinos su pensamiento hubiera evolucionado más.

Es verdad que, desde nuestra perspectiva, a Javier le podríamos poner pegas. Pero, ¿cuántas personas en su tiempo, o incluso ahora, han estado con interlocutores de tantas religiones? En su tiempo, no muchas. Y ahora, quizá los encargados de diversidad religiosa de las distintas instituciones públicas o privadas. Siglos más tarde, en el Concilio Vaticano II, la Iglesia aceptó que puede haber cosas buenas y de Dios en otras religiones. Costó mucho. Este reconocimiento llegó cuatro siglos y medio después.

Sea como fuera, el testimonio de dejar tu tierra, tu cultura y tu forma de pensar e ir a otros contextos es muy edificante. Nos podemos preguntar si vivimos cómodos cada uno con nuestra gente, con quienes compartimos raza, cultura y religión, o si nos abrimos a otras formas de pensar o de rezar. Igualmente, si aquí acogemos a inmigrantes que vienen con otra mentalidad, otro color, otra ropa, otro olor, otro Dios.

* * *

Un elemento más vinculado a la razón en Javier es la necesidad del uso apostólico de los estudios. El trabajo universitario forma la mente del estudiante, lo hace más crítico, aprende a pensar más y puede profundizar en muchos temas. Pero la capacidad intelectual que uno trabaja en los estudios no ha de ser solo para uno mismo y la propia carrera profesional. Javier veía que eso era algo útil para el apostolado.

Es un planteamiento difícil. Uno estudia –eso decimos sobre todo a los jóvenes– para desarrollarse, para salir de la pobreza, para crecer como persona, para insertarse mejor en el mundo laboral, para participar en la vida social con más capacidad. Eso está bien. Sin embargo, el mensaje debería completarse diciendo que también se estudia para servir a los demás, no solo a mis intereses, a los de mi familia o a los de mi empresa.

Cuando estuvo en Japón, Javier vio que allí había trabajo para curas y jóvenes occidentales. Lo mismo pensó al poco de llegar a la India. Pensaba en lo que había vivido en la universidad de París y recordaba cómo muchos estudiaban para sí mismos, para progresar en la vida, no para servir a los demás. Lo sabe por experiencia: él mismo fue a París a hacer carrera, pero salió de esa ciudad universitaria con la intención de utilizar lo que había aprendido para una misión más generosa. Ese es el ideal de colegios y universidades jesuitas y confesionales: entrar para aprender, salir para servir.

Desde la India y Japón escribió algunas cartas a Europa en las que apelaba a la generosidad de los universitarios. Veamos frases de una de ellas: «Muchos cristianos se dejan de hacer en estas partes por no haber personas que en tan pías y santas cosas se ocupen»; «cuantos mil millares de gentiles se harían cristianos, si hubiese operarios, para que fuesen solícitos de buscar y favorecer a las personas, y que no buscan sus propios intereses, sino los de Jesucristo»; «me temo que muchos de los que estudian en universidades, estudian más para con las letras alcanzar dignidades, beneficios, obispados, que con deseo de conformarse con las necesidades que las dignidades y estados eclesiásticos requieren» [20,8].

Esta carta, enviada a los compañeros de Roma, tuvo mucho éxito en Europa. Se tradujo a varios idiomas y fue muy leída. Por medio de estas y otras misivas, Javier logró que en menos de diez años san Ignacio enviara casi cincuenta jesuitas desde Europa a Asia. Fue un conseguidor.

Esta llamada a la generosidad no es solo para los universitarios. Todos los cristianos podemos usar bien o mal nuestros bienes, nuestras capacidades, nuestro tiempo, nuestra fama, nuestro poder... Lo podemos utilizar para nosotros mismos o para el servicio a los que más lo necesitan o para causas nobles como las de la Iglesia.

* * *

¿Qué aprendemos de todo esto?

Examinar cómo usamos la razón nos lleva a pensar en el poder de la razón, de la ciencia y de la formación. De aquí sacamos un par de conclusiones.

Por un lado, hace falta razonar y escribir para defender la fe, para explicarla, para que dialogue con las personas y las culturas. La fe no consiste solo en sentimientos. Se ha expresado y formulado de un modo concreto en Occidente desde hace muchos siglos. Pero hay que actualizarla en diálogo con la cultura actual y las distintas religiones. En un mundo con cada vez más ideas y opiniones, hemos de distinguir qué es nuestra fe, actualizarla y hacer que nos siga alimentando.

Pensar en la razón nos invita también a pensar en el diálogo con otros modos de razonar y con otras religiones. Es un tema en el que se ha avanzado en el último siglo. Es complejo, porque supone integrar en el discurso cristiano a las otras religiones, o ampliar la idea de cristianismo junto a otros modos de pensar. Pero es bueno intentar formas en que la buena nueva sea católica, es decir, para todos, y no algo sectario o residual, de unos pocos que están contentos con lo que hacen, con mentalidad antigua y cada vez más lejos de la vida cultural y social contemporáneas.

Por otro lado, la formación y lo intelectual pueden tener un uso y aplicación generoso o egoísta. El cultivo de la ciencia, de la razón y de lo intelectual es algo bueno, porque potencia la actividad humana. Pero hemos de saber hacerla compatible con la fe y no un instrumento de elitismo.

* * *

Señor, te agradecemos nuestra capacidad de razonar, de pensar, de imaginar.
Agradecemos a los doctores de la Iglesia que han dialogado con las culturas en la historia.
Señor, agradecemos la diversidad de culturas y las riquezas del patrimonio de la humanidad,

a quienes interpretan los signos de los tiempos
y nos dan luz para seguir peregrinando.

Dios nuestro, te pedimos que nuestra razón
no nos haga fríos ni nos aleje de la fe.
Queremos que no nos haga sentirnos
superiores ni diferentes a otros.
Dios nuestro, danos apertura de mente,
capacidad de discernir y de ser razonables.
Que pongamos ideas buenas en nuestros
apostolados y profundicemos cada vez más
en ellos.

6

Relacionarse bien con el poder y el dinero

Puede parecer que el título de este capítulo no encaje muy bien dentro de la meditación de una novena. Pero en la sexta parte de esta serie de reflexiones querría considerar un tema que creo importante para conocer bien la labor de san Francisco Javier. Se trata de una cuestión, además, que en ocasiones se ha utilizado en contra de él. Me refiero a su relación con el poder y con el dinero. Como señalo, creo que es bueno analizarlo para entender mejor o de forma más completa al santo. La conclusión o el mensaje final al que quiero llegar son sencillos: hay que relacionarse bien con el poder y el dinero.

¿Qué entiendo por relacionarse «bien»? Pues, simplemente no tener miedo a la hora de usar los medios humanos para el apostolado. Y no dejarse arrastrar por ellos. Lo veremos en estos párrafos que siguen, que versarán sobre el imperio de Portugal, el colonialismo, el dinero y la Santa Sede. Intentaremos ver, en todo esto, cómo se desenvolvió san Francisco Javier y qué podemos aprender de él.

$$* * *$$

En primer lugar, querría ofrecer una reflexión sobre la relación de Javier con la Santa Sede y con el imperio de Portugal.

Recordemos que, en tiempos del santo navarro, la Santa Sede era parte de los poderes políticos mundanos. La Iglesia estaba más implicada en cuestiones que hoy llamaríamos políticas. Tenía más poder terrenal, e incluso la Santa Sede y Roma llegaron a sufrir guerras.

Cuando san Francisco Javier, san Ignacio y los compañeros llegaron a Roma, la ciudad estaba en crisis. Contaba por entonces con unos 50 000 habitantes. Diez años antes había sido arrasada y saqueada por soldados alemanes y españoles. Estaba en ruinas: el ochenta por ciento de las casas estaba sin vecinos, deshabitadas. Muchas iglesias habían sido profanadas y ahora eran cuadras. Pero, aun en esas condiciones, era Roma, y gozaba de poder espiritual sobre los católicos, además de peso político en Europa.

En lo que toca a la actividad de los europeos en otros continentes, la Iglesia comenzó a ser parte de la acción colonizadora de los países europeos católicos, con lo bueno y malo que eso implicaba. Roma intervenía en temas económicos. Por ejemplo, en aquellos tiempos era muy importante el comercio del clavo. Se trata de una planta que se usaba (y se usa) como especia en todo el mundo; también para usos médicos. Es un árbol nativo de Indonesia y se sigue empleando para preparar platos de cocina en los distintos continentes.

La Santa Sede, a pesar de estar sumida en una crisis, disfrutaba de poderes en esta materia, y concedió a Portugal el monopolio del comercio del clavo, de modo que los portugueses lo traían a Europa. A cambio de ese privilegio comercial, el imperio portugués se encargaba de organizar y financiar a la Iglesia en Oriente. La Santa Sede no tenía medios y delegó en el rey de Portugal la evangelización de esa parte del mundo y de Brasil. Por otro lado, en el rey de España se delegó la evangelización del resto de América Central y del Sur.

El rey luso, pues, era el responsable de la evangelización de Oriente. De este modo, el rey asumió la evangelización de sus nuevos territorios. Juan III pidió la ayuda de los jesuitas y por este rey fue Javier a la India. Él era quien financiaba a la Iglesia. Era patrono de las misiones y por eso se escribía bastante con Javier. Juan III se interesaba por la misión y Javier hablaba de sus éxitos y también sobre los problemas que encontraba en aquella.

Por lo tanto, Javier era, podemos decir, empleado de ese patronato portugués. Dependía del rey de Portugal. Tenía relación directa con él, pues era enviado suyo en la parte oriental de su imperio. Esto quiere decir que, aunque Javier vivía de forma austera y pedía limosna para los pobres, su relación con el poder era palpable. Como se ha señalado en un capítulo anterior, en línea con su visión de fondo, san Ignacio lo tuvo claro cuando lo mandó a Lisboa a cumplir con el encargo del papa: estate con la corte, pero a la vez, pide limosna para los pobres.

Portugal, por supuesto, era un país católico. Su rey, Juan III, era una persona muy creyente. Deseaba de verdad que se evangelizara en sus territorios. Javier le escribió varias veces, dándole cuenta de lo que hacía. Pero a veces escribía en tono muy crítico, porque la corrupción en el imperio era alta; y a los funcionarios portugueses en Oriente no les interesaba la justicia o la fe. Javier no vacilaba a la hora de criticar abiertamente la situación.

Entre los problemas que señalaba Javier estaba, como decimos, la situación de corrupción del imperio. El comportamiento de los funcionarios no facilitaba las conversiones. Por otro lado, los reyes hindúes, musulmanes o paganos actuaban contra los que se convertían al catolicismo. Si a esto unimos el hecho de que las autoridades cristianas no los defendían, esas personas tenían mal futuro. Finalmente, si se les reclamaban más impuestos o los castigaban de otros modos, la situación se hacía francamente muy difícil.

Ante esta realidad, Javier escribe al rey pidiendo que envíe un gobernador fiable: «Pido y ruego (...), que envíe a la India un ministro idóneo, con la necesaria autoridad, cuyo único cuidado sea mirar por la salvación de innumerables almas que peligran en estas provincias; y este, en el desempeño de su cargo, reciba la autoridad de vuestra alteza, y no dependa de las órdenes y jurisdicción de aquellos a los que vuestra alteza confía sobre todo impuestos y negocios de vuestro reino. Así se evitarían en adelante muchos y graves inconvenientes y escándalos que en tiempos anteriores ha sufrido aquí la religión» [46,7].

Javier pide dinero al rey. Argumenta que este obtiene mucho de la India, pero da poco en comparación, teniendo en cuenta las necesidades que tiene la Iglesia. Le dice abiertamente que se lo piense bien: «Reflexione bien vuestra alteza y haga exacta cuenta de todos los beneficios y bienes temporales que, por la gracia de Dios, percibe de estas Indias. Separe de la suma total lo que en estas regiones emplea en servicio de Dios y bien de la religión. (...) El amor verdadero y ardiente que tengo a vuestra alteza me mueve a escribir esto: pues me imagino que de la India se elevan al cielo voces de queja, porque vuestra alteza se muestra avaro con ellas; pues de los abundantes beneficios que de aquí van para enriquecer el real erario, solo una partecita dedica vuestra alteza al remedio de las gravísimas necesidades espirituales que hay en estas regiones» [46,8].

Javier incluso apela a la conciencia del rey para que reflexione ante Dios sobre su responsabilidad con la misión: «Bien deseo que vuestra alteza tenga presente y le suplico lo medite consigo mismo, que Dios nuestro Señor a vuestra alteza principalmente, prefiriéndolo a todos los príncipes cristianos, le ha concedido el imperio de estas Indias» [46,1]. «Sabe vuestra alteza que Dios le ha de pedir cuenta de la salvación de tanta multitud de gentes, dispuestas a seguir mejor camino, si hay alguno que se lo muestre» [46,2].

En resumen, no utiliza al rey para su interés crematístico. Lo que Javier quiere es que cumpla con su responsabilidad. Le habla de la mucha corrupción existente. Señalando todo lo que el imperio portugués obtiene de la India, lo que hace es justificar que se conceda más para las actividades de la Iglesia. Javier no tiene problemas a la hora de criticar a la administración del imperio. En alguna carta al rey, se muestra poco optimista ante esta situación: «Sé lo que aquí pasa, ninguna esperanza tengo que se han de cumplir en la India mandatos ni provisiones que, en favor de la cristiandad, ha de mandar» [77,3].

En sus cartas, Javier llega a apelar a la propia conciencia del rey: por mucho poder que tengas,

Dios te va a pedir cuenta cuando mueras. Lo expresa así: «Perdóneme Vuestra Alteza que tan claro le hable, porque a esto me obliga el amor desinteresado que le tengo, sintiendo casi el juicio de Dios que, a la hora de su muerte, se ha de revelar, el cual ninguno puede huir, por poderoso que sea» [77,3]. Con muy buenas formas, y con la amabilidad que le caracteriza, sí, pero en distintas cartas y durante varios años seguidos, recuerda al rey por escrito que se prepare para el juicio final.

Relacionarse diplomáticamente con los poderes de este mundo era, pues, el medio para que la misión pudiera existir. En realidad, esa nueva situación fue buena para la Iglesia católica, porque hizo posible su expansión por nuevos territorios y conectarse con ellos. Javier hablaba con las autoridades públicas. Llegó a viajar a veces como diplomático, gozando de salvoconductos. Cuando llegaba a Japón o a cualquier otro lugar que fuera, hacía regalos de lujo europeos: ropa fina, relojes, cuadros, instrumentos musicales o utensilios que no había en el lugar que visitaba.

Lo que pedía a cambio era sencillo: que le dejaran actuar, permiso para comprar un terreno y construir una iglesia o una casa para los jesuitas, facultades para predicar el Evangelio. Y –esto resultaba más complicado– licencia para que los nativos pudieran convertirse al catolicismo bautizándose. No quería poderes, ni palacios, ni sirvientes personales, ni dinero extra. Todas sus peticiones estaban orientadas hacia la evangelización.

Hoy el Vaticano es más un poder espiritual o un poder ideológico. Busca aportar un mensaje y un testimonio que promueve vidas entregadas o testimonios que llevan a la lucha por el bien común, además de la misma fe y el mensaje evangelizador. El Vaticano no es un estado más, al menos no un estado al uso, con muchos millones de personas, un ejército y un presupuesto alto. No.

El Vaticano es un pequeño estado, que cuida relaciones diplomáticas y alienta y aconseja a cientos de millones de personas en el mundo. Su poder es simbólico. Controla, dirige o, al menos, inspira a muchas instituciones, las católicas, en el territorio de los distintos países. No tiene poder económico, militar o tecnológico, sino un poder para cuidar una doctrina, para promover la fe y la justicia, para ilusionar vidas por todo el mundo, dando mensajes espirituales y de esperanza, y para implicarse en problemas globales: la paz, la pobreza, la ecología, etc.

* * *

Abordemos por un momento, dentro del tema que nos ocupa, la cuestión del dinero y los empresarios.

Entre los contactos de Javier, también había empresarios. En ellos buscaba ayudas para sus viajes, pues estos eran caros. Algunas de esas personas lo apoyaban, de modo que lograba que financiaran sus expediciones. Aunque es cierto que al final, en la isla de Sancián, Javier queda solo, nadie le ayuda. Los hombres de los barcos que allí estaban se dedicaban a sus negocios, y abandonaron la isla cuando les tocó dejarla. Como apuntaba en un capítulo anterior, Javier tuvo que pedir limosna para él mismo, sencillamente para sobrevivir.

Javier entendía de negocios. Esto es algo que quizá nos sorprenda, porque no solemos relacionar a los santos con esas cuestiones más bien mundanas. Pero es cierto, los mercaderes o armadores y dueños de barcos no ayudaban a Javier solo por su fe. También lo hacían por interés económico, porque el navarro era capaz de proponerles negocios y ayudarlos con ellos.

Por ejemplo, ir a Japón era algo nuevo para todos, pero también muy arriesgado por las tormentas y por la presencia de los piratas. Javier les propuso a los mercaderes hacer negocio. Se sabe que hizo una lista con lo que podían comprar en Europa, la India o Indonesia y vender en Japón, porque eran productos que no había en las islas niponas. Por otro lado, una parte de la lista apuntaba a lo que los mercantes portugueses podían traer de Japón. Negocio puro. Javier les asesoraba en estas cuestiones y de este modo consiguió que financiaran su expedición a Japón. No lo llevaban porque fueran muy creyentes, sino porque iban a hacer negocios.

Pero la imaginación para los negocios de Javier no se quedó en eso, fue más allá: propuso a los empresarios y al gobierno portugués crear una factoría en el principal puerto japonés, cerca de la capital. Esto sería ocasión y posibilidad de negocios estables para los portugueses en Japón.

Al hilo de esto, creo que es conveniente realizar una observación. Javier era extremadamente listo. No solo sabía de Dios, de teología, filosofía o ciencias naturales, lo suficiente como para debatir en cualquier país al que iba; no solo sabía crear, organizar y gobernar una Iglesia naciente con nuevas parroquias y sedes, a miles de kilómetros de distancia entre ellas; no solo supuso un aporte activo en el nacimiento de los jesuitas, encarnando el espíritu *ignaciano* o jesuítico asimilado en los Ejercicios espirituales de París, aplicándolo a muchas personas en Oriente; no solo sabía de diplomacia y política internacional, relacionándose personalmente con autoridades de distintos países; no solo acompañaba, de modo cariñoso y empático, en el crecimiento de la fe y la vocación a muchos laicos y a jesuitas concretos; sino que, además, sabía proponer oportunidades crematísticas a los empresarios en contextos de mucho riesgo, pero también de mucho negocio.

La impresión que deja Javier, cuando vamos conociendo sus competencias, sus habilidades en tantos campos, es la de ser una personalidad llamativamente fuera de serie, muy completa. Lo mismo sucedía con varios del grupo de los primeros jesuitas, que convocó san Ignacio: eran muy potentes y capaces. Posteriormente, con la rápida expansión de los jesuitas, el nivel de estos se fue haciendo, por así decir, más normal.

Todos estos últimos datos de la vida de Javier invitan a verlo como un talante polifacético. Sí, se relacionó con los poderes de este mundo. No tuvo miedo a eso. Pero se implicaba en estos menesteres por una buena causa.

* * *

Otra cuestión importante que tratar en este capítulo es la del colonialismo y el choque cultural, por sus evidentes conexiones con la economía y el poder.

En los últimos años se han realizado críticas a la figura de Javier procedentes de Asia. Nos detenemos en tres ejemplos:

- En la India, hay quien critica que Javier prefiriera a los japoneses, por ser los indios más negros. Además, el navarro decía que los japoneses eran más razonables.
- Critican también, como señalaba en páginas anteriores, que a unos niños del sur de la India Javier les pidiera que en sus casas destruyeran estatuillas de ídolos hindúes, cosa que hoy está muy mal vista.
- También critican que Javier pidiera a Portugal que trajera la Inquisición a Goa. Lo hacía para proteger la fe (esto supone castigar a los que la dejan o engañan, etc.).

A la Iglesia se le acusó de ser colonizadora o de participar en las colonizaciones que los imperios europeos realizaron. No solo ocurrió en Asia, también en América o África.

Eran situaciones comunes en aquella época. A Javier también le tocó vivir cómo algunos musulmanes, hindúes o budistas perseguían a los cristianos y no daban libertad para convertirse. Fue testigo de cómo cientos de cristianos fueron asesinados (como he mencionado en páginas anteriores). Veía también que los mismos funcionarios portugueses trataban mal a la gente, católicos y no católicos. Incluso a quienes hacían la opción y el esfuerzo de convertirse al catolicismo, los funcionarios portugueses los atosigaban con impuestos extra. Daban mala imagen, no era un buen testimonio cristiano.

En este punto, es bueno recordar un dato en esta compleja relación entre religión y política, para dar cierta perspectiva: hoy en día la religión más perseguida del mundo es la católica. Es un problema que no ha visto aún su final. De hecho, existe más ahora que al comienzo de la Iglesia. Los miles de asesinatos y ataques anuales a templos hacen que en algunos países la supervivencia de la Iglesia peligre.

A los colonizadores se les acusaba de imponer una cultura, un idioma o una religión, de no fomentar la cultura local y de usar las armas para implantarse. Pero en algunos casos aportaron elementos de desarrollo que fueron de ayuda a los territorios: nueva tecnología, educación de calidad, modernización en la administración pública y contactos con países económicamente más prósperos.

En cualquier caso, se trata de un terreno ambiguo. Todavía se plantean procesos descolonizadores y se hacen fuertes críticas a los países europeos. También se dan críticas dentro mismo de los países que son antiguas colonias, pues sus capitales se han occidentalizado o tienen mucho poder a costa de las zonas rurales de cada nación, estado o antigua colonia. Quizá la responsabilidad no radique ya tanto en los antiguos países colonizadores, los europeos, sino en las antiguas colonias mismas.

En el seno de la Iglesia católica también existe una corriente de «teología decolonial». Surge del diálogo con otras ciencias y saberes, y tras escuchar a otros movimientos sociales y a otros actores del cambio social. Piden repensar las narrativas religiosas, es decir, el discurso religioso que nosotros llamamos «normal», y dar más valor a las expresiones espirituales y a las cosmovisiones de las culturas locales, recuperando en especial las sabidurías indígenas. También surge la conexión de lo anterior con otras luchas sociales y movimientos de liberación (racismo, sexismo, temas económicos, etc.), repensando situaciones de falta de dignidad, de equidad, de justicia social, etc.

Inspirado en el Vaticano II, un cambio de estilo se está fomentando hoy en la Iglesia, concretado en experiencias como el Sínodo de la Amazonía o el proceso que promueve una Iglesia sinodal, que implica más escucha y comunión con todos. Lo más fácil sería tener un discurso y una liturgia igual para todos, e imponerlo en todas partes por un pretendido deseo de unidad o uniformidad. Lo que a nosotros nos parece normal, a otros les parece imposición. Sin duda son tiempos de más diversidad.

Volviendo a Javier, en este debate sobre la inculturación destaca, como he señalado en parte en otra sección, la cuestión lingüística. Por un lado, el navarro intentó aprender rudimentos de tres lenguas en tres países (tamil, malayo y japonés), a la vez que tradujo textos. Por otro lado, en el colegio de Goa (India) admitió expresamente a estudiantes de diversas zonas de Asia. Sobre el citado centro, escribe satisfecho a Roma: «En el cual hay ya muchos estudiantes, y son de diversas lenguas, y todos de generación de infieles» [20,9]. Hubo estudiantes hasta de diez lenguas nativas distintas, incluido el chino, el japonés o el malayo.

Esa sensibilidad respecto de las culturas supone cierto respeto a las costumbres y maneras locales. De este modo, Javier consiguió que se formara un clero nativo ilustrado, cosa que otros después no promovieron. Prefirieron educar solo a las élites portuguesas.

No me consta que exista un recuento oficial, pero los jesuitas quizá han llegado a escribir doscientos o trescientos textos con gramáticas o diccionarios de idiomas nativos en todo el mundo (aparte de los textos de oración en dichos idiomas). Esta es la prueba de que el respeto por las culturas locales o nativas está en el ADN de la Compañía de Jesús y de su espiritualidad.

* * *

¿Qué aprendemos de todo esto?

En este capítulo hemos reflexionado sobre la Santa Sede, Portugal, sobre los empresarios o mercaderes y el colonialismo y lo intercultural.

La fe es una experiencia personal e íntima. Pero también colectiva y comunitaria. Puede ser parte de una comunidad, de una cultura, de un pueblo o un país. Necesita recursos para vivir, propagarse y sobrevivir. La comunidad eclesial convive con otras comunidades y con las autoridades políticas, sociales, culturales y económicas. Javier conocía bien todo esto y no tuvo miedo de enfrentarse a multitud de problemas y frentes para que la Iglesia creciera por Oriente. Con los aciertos o fallos que podamos apreciar cinco siglos después, utilizó medios y poderes mundanos para que la fe y la buena noticia del Evangelio pudiera existir. Lo importante es que no cayó en la tentación de buscar una hegemonía terrenal sin más. Sus ideales eran evangélicos.

Al concluir esta pequeña reflexión sobre poderes mundanos, creo que podemos decir dos cosas. En primer lugar, hoy también nos toca ayudar a que la Iglesia tenga medios para que pueda seguir evangelizando. Además, la Iglesia y los cristianos tenemos que luchar para que los poderes públicos, económicos, religiosos o culturales sirvan al bien común, no se aprovechen de las personas y para que las culturas dominantes respeten a las minoritarias.

* * *

Señor, te agradecemos los esfuerzos que hacen
muchos para que la Iglesia exista.
Agradecemos el empeño de Javier de expandir
la Iglesia a otro continente.
Señor, agradecemos a las personas que usan
el poder para servir
y a las que usan el dinero para buenas causas.

Dios nuestro, te pedimos que no seamos
engañados y utilizados por los poderosos.
Que seamos solidarios con los débiles
y vulnerables.
Dios nuestro, danos luz para acertar
en el diálogo entre culturas.
Te pedimos que terminen las persecuciones
religiosas que hacen tanto daño.

7

Cómo formar a un sacerdote

El tema que vamos a tratar en este capítulo es muy amplio. Podemos apuntar a algunas buenas prácticas que Javier realizó, relacionadas con esta cuestión.

Desde el comienzo de su viaje a Oriente, Javier ocupó el cargo de nuncio apostólico de Su Santidad para toda Asia. Viajó con ese título. Además, desde el año siguiente de su viaje fue nombrado superior de la comunidad jesuita que se iba creando en Goa. Años más tarde fue nombrado provincial jesuita para todo Asia. Casi cincuenta jesuitas bajo su autoridad estaban destinados allí.

Es bueno recordar que Javier acompañó a los jesuitas. Se trataba de jóvenes en formación o sacerdotes jesuitas que se iban insertando en áreas de misión o a los que asignaba cargos de responsabilidad, como ser directores de instituciones o superiores de comunidades. Les daba un cargo y a la vez escribía instrucciones para ellos. Pero también cuidaba su relación con los sacerdotes, con otros religiosos y con el obispo de Goa.

En cualquier caso, vamos a centrarnos en lo que hizo con los jesuitas. Lo que dice a estos lo podemos aplicar, más o menos, al sacerdocio en general.

Destacaremos cuatro rasgos o recomendaciones que hacía a los jesuitas. Algo parecido, como digo, podría valer para los sacerdotes. Y quizá también –en la medida en que sirva a su vocación propia– para los laicos, pues en la Iglesia todos somos cristianos que queremos crecer como personas y apóstoles.

* * *

Lo primero que Javier mostró con su vida es que el sacerdocio no era un medio para ascender o medrar en la sociedad, sino un servicio.

Medrar quiere decir aumentar los bienes, la fortuna o la reputación, trepar, progresar o prosperar. En este caso, sería utilizar el sacerdocio como medio para prosperar en tu carrera personal o profesional. No era extraño que, en una sociedad muy religiosa como aquella, eso pudiera ocurrir. Sin embargo, este asunto ya no es tan problemático en los tiempos que corren. El sacerdocio ya no tiene el poder o el prestigio mundanos de que gozaban en la época de

Javier. Es en el seno de la Iglesia donde resulta principalmente valorado.

En relación con lo anterior, y por hablar de algo concreto, los sueldos de los sacerdotes y obispos no son altos; al contrario, son tres o cuatro veces menos que los de los concejales de las capitales de provincia españolas. Hoy, cuando uno quiere ser sacerdote, lo es por vocación espiritual de servicio, no por aspirar a grandes puestos socialmente reconocidos.

Si hay pocas vocaciones (muy pocas) es porque la mentalidad y la cultura han cambiado mucho, mientras que el sacerdocio como sacramento no puede cambiar tan rápido, o no ha sabido adaptarse.

Hoy, para el sacerdote, el problema es más bien no desanimarse por el poco rol social del sacerdocio o de la Iglesia en buena parte de nuestra sociedad y cultura. Es una cuestión afectiva que va de mantener el ánimo, la ilusión y la fe. Son los signos de nuestro tiempo: cómo ser levadura o fermento en nuestro mundo; cómo acompañar a los ya católicos; cómo introducirse y ser algo significativos en nuestro entorno increyente y agnóstico.

Nuestro mejor pasaporte es el servicio a todos desde la fe, a todos sin distinción.

* * *

En segundo lugar, a la hora de pensar en lo que Javier diría a un sacerdote, podemos fijarnos en lo que decía a los jesuitas. En concreto, en algunas cartas en que nombra a un jesuita superior de una comunidad o responsable de lo que la Compañía hace en una zona. En ellas, como decíamos antes, no solo realiza el nombramiento, también les da reglas.

Algunas instrucciones tratan de cosas prácticas y legales. Otras, en cambio, son más profundas y se preocupan por lo que ha de cuidar un jesuita sacerdote. Me fijo ahora en esto último. Por ejemplo, analizo aquí lo que se resalta en una carta en la que Javier pide que el sujeto dedique cada día media hora o una hora a meditar sobre una serie de puntos. Le propone diez puntos a considerar. Él lo llamaba «ejercicios de humildad». Comento algunos de ellos.

«Buscar mucha humildad acerca del predicar, atribuyendo primeramente todo a Dios muy perfectamente» [116,1]. «Dios me dio gracia para predicar» [116,2]. «Lo que predico, no es nada mío, sino generosamente dado por Dios; y con amor y temor usar de esa gracia, como quien ha de dar estrecha cuenta a Dios nuestro Señor, guardándome de no atribuirme nada para mí» [116,5].

Es decir, que las habilidades que uno tenga para predicar, las atribuya a Dios mismo. Lo que hace el sacerdote en su trabajo, o lo que hace cualquier profesional, pensar que es por gracia de Dios. Dios te ha hecho el don de una familia, de un entorno que ha permitido una formación y unas habilidades, una psicología adecuada y fuerte para trabajar o ser tenaz, una fe y una capacidad de compromiso ético, etc. Todo eso es tu mérito, pero también de otros (tu familia, el estado...).

Para Javier, lo importante es creer que es Dios quien milagrosamente te ha puesto ahí y te ha dado esos dones. Esto es algo muy profundo. Es mérito tuyo, pero es don de Dios. Javier invita a considerar esto segundo: todo es don de Dios. Javier quiere que los sacerdotes no se crean que son buenos por ellos mismos. Y lo mismo podría aconsejarse hoy cualquier a cualquier trabajador o profesional: ha de atribuir todo lo bueno a Dios. Cuidado con «creerse el rey del mambo», como se dice coloquialmente.

«Tendré delante de mis ojos el pueblo, mirando cómo Dios dio devoción al pueblo para oír su palabra». «[Dios dio] al pueblo devoción para oírme» [116,2]. «Trabajar por amar mucho al pueblo, considerando la obligación que le debo, pues Dios, por su intercesión, me dio gracia para predicar» [116,3].

Javier invita a que el sacerdote vea a la gente que tiene delante como personas que Dios ha puesto ante él. No por mérito suyo. Que el sacerdote se sienta más obligado a ellos o ellas que al revés. Que ame a las personas. Que no se sienta superior. Que experimente, por ejemplo, que Dios nos pone juntos misteriosamente en las distintas acciones pastorales, como puede ser una novena, o como puede ser escribir o leer un libro.

O sea, que medite el sacerdote o el profesional que sus feligreses, fieles, parroquianos o clientes, usuarios o beneficiarios están ahí porque Dios quiere, y los tiene que respetar y actuar en consecuencia.

«Pedir a Dios con mucha eficacia que me dé a sentir dentro en mi alma los impedimentos que pongo de mi parte, por respeto de los cuales deja él de hacerme mayores mercedes y servirse de mí en cosas grandes» [116,6]. «Dios ve los corazones de los hombres, guardándome muy en gran manera de dar escándalo al pueblo, ni en predicar, ni en platicar, ni en obrar, humillándome mucho al pueblo; pues, como arriba dije, tanto le debéis» [116,7].

Ante tanta responsabilidad para con el pueblo, el sacerdote debe cuidarse. No causar escándalo y sí hacer el bien. Para eso ha de conocerse. Hacer examen, ver en lo que falla y mejorar. Y no solo sobre las cosas externas, sino sobre todo lo interno, su motivación, su ánimo, su fe, su ilusión, etc. Esta responsabilidad invita a creer que Dios quiere actuar a través de él. Por eso, es un deber del sacerdote conocerse a sí mismo. Cuidar sus puntos débiles. Y que explote y desarrolle bien a favor del Reino de Dios los talentos que tiene. Lo mismo se podría indicar a cualquier profesional.

«Cuidad que no despreciéis a los hermanos de la Compañía, pareciéndoos que vos hacéis más que ellos, que ellos no hacen nada: tened para vos por muy cierto que, por respeto de los hermanos que sirven en oficios bajos y humildes, por sus méritos, Dios os hace más mercedes y os da gracia para bien obrar; de manera que sois más obligado a ellos de lo que ellos son a vos. Este conocimiento interior os aprovechará para nunca despreciarlos, mas antes para amarlos y para humillaros siempre» [116,10].

Se trata de una invitación a que el sacerdote no se sienta superior a nadie en la Iglesia o en su parroquia. Que no sienta que los hombres y mujeres que hacen trabajos bajos y humildes son menos. No sentirse superior a los que no son curas: los que leen, los que ayudan en la liturgia y en la catequesis, los que limpian, los que arreglan cosas de mantenimiento, los que hacen los recados, etc. Hablando de una sociedad como la nuestra, diríamos que no son más importantes los que aparecen en los vídeos, firman libros o figuran en las fotos o las noticias. Si probamos a traducirlo al ámbito profesional, hablaríamos de respetar a los que tienen menos fama, menos poder y peores contratos laborales.

Hasta aquí estos «ejercicios de humildad». Javier ofrecía este tipo de recomendaciones a los que nombraba superiores de comunidad. Aunque, como venimos repitiendo, todo ello sería extrapolable al ámbito de los sacerdotes en general, o al mundo profesional.

Javier dice al cura que cada día dedique media hora a examinarse sobre estos puntos, incluso una entera. Son temas simples, básicos, pero marcan un estilo: atribuir las cosas a Dios, amar al pueblo, examinar mis impedimentos, no despreciar a nadie. Esto no es rezar sobre teorías o textos o salmos viejos, sino sobre personas concretas y el trabajo de cada día.

* * *

Hay un tercer punto o rasgo de las recomendaciones que Javier hace a los jesuitas que creo aplicable a los sacerdotes. Tras considerar el sacerdocio como servicio y los ejercicios de humildad, nos detenemos ahora en los «libros vivos». Se trata de una expresión que utilizaba Javier al enviar a algunos jesuitas en misión. Les decía que se fijasen en los «libros vivos». ¿Qué quiere decir con esto?

A Javier, como académico o persona con toque intelectual, le gustaba fomentar la lectura, la escritura de textos, las doctrinas y resúmenes de la fe, como se ha señalado ya en un punto anterior. Pero no dejaba de criticar el exceso de apego por los libros. Por eso, invitaba a sus curas a que estuvieran con la gente, no solo con los libros.

A un sacerdote que le iba a enviar a Ormuz, en la actual Irán, le escribe desde Goa, en abril de 1549, antes de que Javier fuera a Japón. Y le dice que lea «libros vivos» más que «libros normales», que los llama «libros muertos escritos». Javier utiliza estas expresiones curiosas, que hablan de la perspectiva que él mismo había adquirido respecto del trabajo intelectual. A nadie se le escapa que «leer libros vivos» significa conocer a la gente, tratar con ella.

Es más importante, pues, conocer a las personas, sus ideas, experiencias, situaciones, opiniones, problemas, su capacidad de hacer el mal o el bien… que quedarse en el mundo de las ideas, el mundo de los «libros muertos escritos».

A uno que envía a Irán le dice tres cosas [80,33]:

- «También te informarás de las muchas demandas, burlas que por vía de justicia se hacen, y por falsos testimonios, sobornos, amistades, u otras cosas donde se niega y encubre la verdad». Le pide, pues, que se entere de los problemas de corrupción y maldad que hacen daño.

- «De manera que te digo, como resumen, que en ninguna cosa aprovecharás tanto en las almas a los hombres de esa ciudad, como sabiendo sobre sus vidas muy menudamente; y este es el principal estudio que ayuda a aprovechar a las almas». De esta manera, indica al sacerdote que saber cómo está la gente y cuáles son sus sufrimientos es lo principal para ayudar a las almas, a las personas.

- «Esto es leer por libros [vivos] que enseñan cosas que en libros muertos escritos no hallarás, ni te ayudarán tanto para fructificar en las almas, cuanto te ayuda saber bien estas cosas por [medio de] hombres vivos que andan en el mismo trato». Al final Javier hace un poco de teoría y justifica su propuesta: prefiere invitarle a conocer libros vivos, en vez de libros muertos escritos.

Estas recomendaciones dan una idea de cómo entendía Javier la actividad pastoral. Se trata de conocer a personas concretas, no de transmitir verdades estándar a todos por igual. Hay que conocer a las personas. Intentar captar cómo las mira Dios.

Javier pide a los suyos que valoren a las personas, la vida interior de cada uno. Sus alegrías y sus penas. El mensaje del Evangelio tiene que venir a nuestro interior, no quedarse en nuestra cáscara, fachada o imagen exterior. San Ignacio ideó unos ejercicios espirituales para que personalizásemos nuestra fe y nuestra experiencia de Dios. Tampoco el sacerdote se puede dedicar a repetir sin más el contenido de los libros que utilizó en sus estudios, sino a acompañar a las personas. Y, para eso, ha de conocerlas y captar qué ocurre en su entorno. Esto es importante tenerlo presente también hoy en la formación de los seminarios y otros centros: ha de estar orientada a conocer a las personas y la cultura.

Javier da tanta importancia a estar con la gente y conocerla, que propone utilizar la Escritura y otros libros como algo secundario, como autoridad para justificar aquello que propone para promover el bien y luchar contra el mal: «Estos son los libros vivos por los que has de estudiar, así para predicar, como para tu consolación. No digo que alguna vez no leas libros escritos, pero que sea para buscar autoridades para autorizar por la Escritura los remedios contra los vicios y pecados que lees por libros vivos, autorizando lo que dices contra los vicios con autoridades de la Sagrada Escritura y ejemplos de santos» [80,35].

El santo navarro termina el párrafo anterior con una confesión personal: «Siempre me hallé bien con esta regla» [80,33]. O sea, le fue bien aplicarse a sí mismo ese principio de preocuparse por conocer a los libros vivos. Él siempre se preocupó de captar y profundizar cómo vivía la gente, qué le pasaba, qué querían, sus puntos débiles, etc. Y le fue bien.

La mejor formación continua del sacerdote es conocer a las personas que va a atender.

* * *

El cuarto elemento que queremos subrayar es un punto que Javier destacaba cuando se refería a los jesuitas: la unión entre ellos. Qué duda cabe de que esto también sirve para los sacerdotes y para todos los cristianos.

Los jesuitas dedicaron toda una parte de las *Constituciones* de la Compañía de Jesús a la «unión de ánimos» entre ellos mismos. A san Ignacio le preocupaba que los jesuitas, por distintas obligaciones de misión, se dispersaran demasiado y desaparecieran como grupo. No era una cuestión menor.

Javier tiene frases que tocan temas profundos y bonitos para la vida jesuita. Por ejemplo, cuando desde la India escribe a Roma, a los compañeros residentes allí, utiliza esta expresión: «siendo tan conformes en un amor y espíritu» [48,1]. Él se sentía unido a ellos, obviamente no en lo externo, pues se hallaba muy lejos, sino internamente.

En otra carta añade un matiz importante: «Os ruego mucho que entre vosotros haya un verdadero amor, no dejando nacer amarguras de ánimo» [92,60]. Porque las amarguras entre unos y otros existen. Por eso, la amistad pide examinarse, darse cuenta de lo que nos pasa, y pensar en el modo de perdonar y llevarnos bien. No solo llevarnos bien, sino incluso amarnos unos a otros. Ese es el espíritu javierino.

También en este punto, algo de lo que decía a los compañeros jesuitas se puede aplicar a los sacerdotes: «Convertid parte de vuestros fervores en amaros los unos a los otros, y parte de los deseos de padecer por Cristo en padecer por su amor, venciendo en vosotros todas las repugnancias que no dejan crecer este amor, pues sabéis que dijo Cristo que en esto conoce a los suyos, si se amaren los unos a los otros» [92,60]. Es una invitación a cumplir con el mandamiento del amor. Y Javier reconoce una cosa: es difícil, es ideal. ¿Qué hacer, pues, desde la pedagogía de la amistad javierina? Dedicar parte de la oración y reflexión personal a trabajar internamente el amor y respeto mutuo. «Quitar repugnancias» será cuidarnos, evitar los malos rollos que tenemos unos con otros, o las heridas que impiden una relación sana.

Por supuesto, llevarse bien no es algo automático. Que una pareja se quiera o cuide su matrimonio no es algo que se dé por inercia. Hay que dedicar parte del tiempo de oración y reflexión a pensar cómo estamos en nuestras relaciones y mejorar.

He señalado al comienzo de este capítulo que ser presbítero no es pertenecer a una casta o grupo de privilegiados. Eso no es el sacerdocio. Es algo de mucho trabajo y exigencias. Y una vida no cómoda. Pero si por dentro hay una motivación clara, como en el caso de Javier, no importa la incomodidad o el cansancio. Además de cumplir con muchas obligaciones, se pide algo profundo que va más allá del puro activismo o de hacer cosas: «ser conformes en un amor», «ser conformes en un espíritu». Es decir, estar interiormente unidos a otros sacerdotes. Esto es también parte del sacerdocio, según Javier.

En este momento de nuestra reflexión sobre la unidad podemos volver al tema general de esta novena, la amistad, y resaltar un hecho: el cariño y amor con el que Javier se relacionaba con sus compañeros jesuitas. Algo necesario también en el trato entre los sacerdotes en general.

Javier recordaba mucho a los compañeros jesuitas en Europa, aunque la comunicación fuera compleja. Estuvo en Asia once años. Solo tuvo cinco cartas desde Roma. De ellas, tres eran de Ignacio. Javier pedía información y solicitaba directrices para su actuación. Como señalaba antes, en el primer capítulo de este libro, les decía que los llevaba en el corazón.

* * *

¿Qué aprendemos de todo esto?

Los cuatro puntos analizados: el servicio, atender y amar a los laicos, los libros vivos y la unidad, son cuatro focos en los que Javier ponía atención. Marcan un talante que va más allá de las cosas concretas que se realizan. Lo que hemos intentado subrayar en todo momento es que aquello que Javier propone a los jesuitas sobre predicar y demás, es algo que puede aprovechar también a todo sacerdote y servir en cualquier ámbito profesional.

Javier nos propone una visión trascendente: es Dios quien invita a los sacerdotes a un estilo de trabajo desde la amistad. También, por supuesto, a los laicos.

* * *

Señor, te agradecemos los buenos testimonios
que tenemos en la Iglesia,
de sacerdotes, laicas y laicos que aman
y sirven con sinceridad.
Agradecemos el esfuerzo de Javier por
acompañar a sacerdotes
y por abrirse a los libros vivos que Dios le puso
delante en su caminar.

Dios nuestro, ayúdanos a examinar nuestro
talante de vida,
que escuchemos las necesidades de los que
peor están.
Dios nuestro, pedimos vocaciones sacerdotales
que iluminen a los demás
y sean para todos motivo de esperanza
y fuente de amistad y de unión.

8

Discernir, tomar decisiones y arriesgar

En este capítulo vamos a dedicarnos a profundizar en el modo en que Javier decidía. Se trata de algo relevante y clave en su vida, y de lo que podemos aprender mucho.

Decidir, tomar decisiones… qué duda cabe de que es una dimensión muy importante de nuestra vida. Por un lado, define la madurez de la persona: pensar bien las cosas, buscar información y consultar, pensar en una propuesta, y decidir. Pero aquí hablamos de esto y algo más, que marca la diferencia respecto de las decisiones normales. Hablamos de discernir. Pones a Dios en medio, buscas lo que él quiere, intentas entenderlo. Te preguntas: ¿qué querrá Dios? Por último, actúas en consecuencia.

¡Vaya lío! ¿Cómo habla Dios? Profundizar en esto es una de las claves del discernimiento espiritual. Fijándonos en lo que Javier hacía, creo que podremos sacar algún provecho.

Pasar de un teórico o lejano «¿qué querrá Dios?» o «¿qué querría Dios?» a un cercano, personal, cariñoso y comprometedor «siento que Dios me quiere así y en esto». Es vinculante: yo aquí y ahora cambio mi vida por esta determinación.

Cada decisión no es una lotería. Como diciendo: qué más da hacer una cosa u otra. No. Si se trata de un discernimiento espiritual, una buena decisión te resitúa en la vida, te coloca en lo que es lo profundo de tu vocación. Si pones a Dios en medio, recuerdas cuál es tu llamada en la vida, para qué crees que existes, cuál es tu misión, qué te da por dentro armonía y paz, dónde encuentras la alegría y la gracia de Dios. Una decisión así es un hito, un paso más en el caminar hacia Dios. Pide que te centres en la vida. No es cualquier cosa sin valor. Es una alegría que te mueve por dentro, aunque la decisión no sea algo necesariamente gozoso, fácil o divertido.

Vamos a examinar en esta reflexión las decisiones de Javier, sus grandes deliberaciones. La enseñanza de este capítulo es que en la vida hay que moverse, tomando decisiones. Y poco a poco descubrir por dónde te lleva Dios.

* * *

Si analizamos la trayectoria de Javier, creo que no es errado decir que lo primero que hizo en su vida fue obedecer. Es decir, más que decidir él solo por su cuenta, obedecía a lo que otros decidían para él. Aceptaba lo que le venía de fuera, en otras palabras. En realidad, si lo pensamos, no es una mala opción: si te fías de otros, simplemente sigues lo que te proponen. Otra cosa es que, con los años, al madurar, hay que tener más autonomía, ser más asertivo y tener más iniciativa propia.

Como ya se dijo, fue con diez y nueve años que nuestro santo viajó de Javier a París. Lo llevaban allí sus estudios. Podemos suponer que fue un plan vinculado a los propósitos de su familia. Verían en él dotes para estudiar. Seguro que fue la familia la que marcó para él un camino lejos de lo militar, como ocurrió con sus dos hermanos. Estos defendieron como soldados una Navarra que no quería ser conquistada por Castilla. Javier era más pequeño que ellos. Visto el panorama, mejor pensar en otra carrera y otra proyección. Sería clérigo. Estudiaría en una universidad de nivel. Su padre había estudiado en Bolonia (Italia). Otros parientes lo habían hecho en Alcalá. Sin embargo, por motivos políticos no parecía razonable ir a Castilla –las alternativas eran Salamanca o la misma Alcalá–. París entonces apareció como lo adecuado. Había allí ya un grupo de navarros. Sería clérigo, podrían conseguir para él una canonjía. Como canónigo podría pertenecer al cabildo de la catedral. Y, finalmente, aspirar a ser obispo.

Resulta obvio que, bajo este planteamiento, el sacerdocio aparecía como un medio para hacer carrera eclesial y mundana. La familia veía en los estudios en París una preparación para tener un puesto importante en la sociedad. Pero estudiar allí era caro, y la familia quedó sin recursos para poder seguir pagándolo. Llegado un momento, Javier ya no tenía financiación. Pese a todo, es razonable suponer que la iniciativa de ir a París, su primera gran decisión, no saliera de Javier mismo o no fuera algo solo suyo: era un asunto familiar.

Siguiendo esta lógica, su segunda gran decisión, tampoco fue algo suyo particular. Podemos pensar que su segunda gran deliberación fue seguir a Ignacio de Loyola o, mejor dicho, el camino cristiano que le ofrecía su compañero Ignacio. Supuso un cambio vital muy fuerte. De aspirar a ser alguien importante en la sociedad navarra a optar por Cristo pobre y humilde. Es decir, optar por un grupo de jóvenes que no estudiaban para aspirar a grandes puestos en la sociedad, sino para servir a la Iglesia. Además, «en pobreza». Es decir, visto como estaba el clero, decidían como contraste que querían vivir pobremente y de modo solidario con los pobres.

Para Javier esto supuso dejar el proyecto de su familia y sumarse al de Ignacio de Loyola y sus compañeros y amigos. Una opción de mucho riesgo.

Abandonar una familia que había sido poderosa –si bien a causa de la crisis de la conquista fue humillada por el nuevo gobierno– y apostar por un grupo humano nuevo con el riesgo de lo desconocido. Además, caían sospechas bastante fuertes contra Ignacio de Loyola: se decía que era hereje, que había estado preso, que había abandonado Alcalá y Salamanca para escapar de la justicia castellana y de la Inquisición. La familia de Javier vio que perdía a su hijo al sumarse a ese nuevo grupo de personas sospechosas y con una fe cuestionada.

Y, sin embargo, así sucedió. La gracia de Dios actuó sobre Javier y lo inclinó a tomar esa decisión. Luego hizo los Ejercicios espirituales, un mes de oración en el que pones tu vida, tu forma de ser, tus decisiones, tus cosas, ante Dios. Y cambió por dentro. Para siempre.

Esta segunda gran decisión, sumarse a este grupo nuevo y hacer unos votos religiosos con ellos, es también un apuntarse a algo que hacen otros. La propuesta viene de fuera, no es algo totalmente propio. En este caso, se trataba de una invitación de Ignacio de Loyola.

Javier, que en ese momento era «Magister Xaverius», maestro en una de las universidades más prestigiosas, deja esa carrera internacional, en la que gracias a su inteligencia, dedicación y habilidades sociales podría haber prosperado, para entrar en el grupo de los «iñiguistas» (así comenzaron a conocer a los seguidores de Ignacio de Loyola, que al principio utilizaba el nombre de Íñigo).

A partir de ese momento, Javier actúa con sus compañeros, en grupo. Juntos deciden dejar París y van a Venecia en busca de un barco que los lleve a Tierra Santa. Estos navíos salían una vez al año, en primavera. Pero ese año no hay embarcación, a causa de una guerra que tenía lugar en aquel momento. De modo que los nuevos compañeros de Ignacio de Loyola, que ya han terminado sus estudios, hacen trabajos y experiencias formativas en Venecia y otras ciudades de Italia, esperando al barco del año siguiente. En Venecia, Javier trabaja en un hospital, atendiendo a enfermos de un tipo u otro. Entretanto, se ordena de sacerdote, y pasa tiempo en otras ciudades de Italia, Monselice y Bolonia. En ellas se dedica intensamente al trabajo pastoral. Pero también aprovecha este tiempo para aprender a estar con Dios y sentirlo. Realiza un retiro largo, de cuarenta días. Todo esto es preparación para responder mejor.

Toda esta secuencia de acontecimientos está dentro de un marco de decisión que no corresponde en exclusiva a Javier. Decide el grupo. Todos los compañeros opinaban y votaban.

Tras un segundo año en que no hay barco de Venecia a Tierra Santa, los compañeros abandonan la idea de ir a Palestina. Es entonces cuando deciden ir a Roma. Allí se ofrecen al papa para que les envíe a trabajar donde más falta hace. Es el origen de la Compañía de Jesús. Han decidido no romperse como grupo, mantenerse unidos a través del vínculo de la obediencia. Según este plan común, elegirían a uno que hace de superior, y obedecerían a esa persona.

Otra decisión que se va a producir en este contexto es el nombramiento de Javier como secretario de la Compañía. El grupo decide dar esta misión a una persona del talante pastoral y apostólico del navarro, que se había entregado a la gente en Monselice y Bolonia. A una persona con ese don de gentes y extraversión, que hacían que cayera tan bien a la feligresía, dando mucho fruto, a ese hombre, le piden que se quede en casa, encerrado, haciendo los papeles, escribiendo y copiando cartas de un sitio para otro. Es otro ejemplo de decisión que probablemente no fue iniciativa suya, pero que aceptó.

Javier fue el primer secretario fijo de los jesuitas. Hasta entonces, cada semana o cada mes uno hacía de secretario, turnándose secuencialmente.

* * *

Continuando esta historia de las decisiones importantes de Javier, nos fijamos en la siguiente en el tiempo. Al poco de estar en Roma, el embajador de Portugal pide al papa sacerdotes para ser enviados a la India. En aquel momento, Portugal se expandía por Asia y quería propagar la fe. Pide que vayan varios de los nuevos jesuitas. Pero san Ignacio no dispone de mucha gente. Solo hay dos disponibles: un portugués y Javier. Javier atiende la petición del papa y decide contento aceptar ese destino a la India.

Según cuenta la historia, Javier decidió de un día para otro. Se lo plantean, y al día siguiente sale ya en caballo con la expedición del embajador de Roma hacia Lisboa. La idea era coger un barco en la capital lusa. Los barcos salían hacia Goa una vez al año desde allí.

Javier ve la mano de Dios en estos acontecimientos. No puede dudar de verlo en esa petición que le hace Ignacio. Es una respuesta a la llamada del papa, que a su vez atiende la petición del rey de Portugal.

Recalcando otra vez el argumento que estamos defendiendo, de nuevo una de las grandes decisiones de Javier no es iniciativa suya. Es una petición que le hacen y que él atiende encantado. Encantado no, encantadísimo. Ve la mano de Dios ahí.

La expedición está casi un año en Lisboa y parte luego para la India. En el largo y penoso viaje, hay un momento en el que Javier quiere quedarse en algunas de las ciudades de África o Yemen, que caían de camino, para atender a los enfermos y a los católicos. Pero el virrey le dice que no, que cuanto antes tienen que llegar a la India. Javier obedece.

Ya en Goa, a los pocos meses Javier viaja al sur de la India. Son dos semanas en barco. Allí tendrá que atender a una de las tareas por las que le enviaron de Roma y Lisboa hasta allá. Unos años antes, en el sur del continente indio se habían bautizado 30 000 personas. Pero estaban sin sacerdote. Lo que se le encomendó a Javier fue atenderlas. Y allí que se fue el navarro. Intentó aprender el idioma, el malabar; bautizó a muchos miles; realizó una ingente labor. También se jugó el tipo, porque las disputas entre los distintos reyes locales terminaban a menudo con la muerte de los que se hacían cristianos.

De nuevo, Javier hace lo que le piden: dejar Goa e ir al sur de la India a la zona de Pesquería a atender a los cristianos. Era el encargo que le habían hecho ya en Roma y ahora, en Goa, se lo recordaban. Javier es el gran jefe, el nuncio, pero está obedeciendo a lo que otros le han pedido que haga.

* * *

Llegamos ahora a un punto de inflexión, dentro de esta historia de Javier. Un cambio importante en su vida se va a dar con él.

En este momento, Javier está solo, tiene que decidir él. Es el superior de los jesuitas, pero no solo eso. Es también el nuncio de su santidad y tiene responsabilidades. Lleva más de tres años entre la India y Sri Lanka, atendiendo las muchas necesidades que la Iglesia tiene en aquellos lares.

Sin embargo, llegado este punto, Javier no sabe qué hacer. Pero es necesario decidir los siguientes pasos a dar. Él conoce las necesidades de la Iglesia en África, también en la zona de Arabia; ha visitado buena parte de la India, sobre todo la zona occidental y el sur; también ha estado en Sri Lanka; se entera de que hay comunidades por Indonesia. Eran los lugares donde el imperio de Portugal tenía capitanías, y a Javier le llegaban diversas informaciones sobre ellas, en unos casos más y en otros menos.

Como se ha dicho, en este momento Javier tiene que decidir qué hacer. Entre tantos frentes abiertos, ¿a cuál atender? No puede recurrir, como ha hecho toda su vida, a su familia, a sus compañeros de Roma, a los de Goa, al obispo que también está en Goa. Las cartas de Roma tampoco sirven, apenas tiene. Entre que escribe y le responden pasa mucho tiempo. Cada una tarda alrededor de dos años.

Está solo en Sri Lanka. Entonces se retira a un monasterio en la India (en la actual Chennai), donde se decía que estaba el sepulcro de santo Tomás. Allí es donde quiere decidir qué hacer. Quiere buscar la voluntad de Dios. ¿Qué quiere Dios de mí? Pero no encuentra nada. No siente nada. Tiene un momento de crisis. Javier, el nuncio y referente para todos en vida espiritual, por dentro está seco. Era alabado ya por muchos como gran misionero, conocedor de lo que Dios quiere para otros. Pero no sabe lo que quiere para él. Aquel que terminaba sus cartas despidiéndose con un «que internamente sintamos la voluntad de Dios», ahora no siente nada.

Quizá fue el peor momento de su vida. En sus cartas de este tiempo, nos deja confesiones muy íntimas, que testimonian su padecimiento interior. Está «cansado de vivir», «no sé qué será de mí», «tengo miedo». Le afectan y apenan mucho las malas noticias que recibe de otros lugares: atacan y matan a cristianos y nadie los defiende. Además, a los portugueses no les importa ni la evangelización ni la justicia.

En sus cartas se acuerda mucho de esos cristianos perseguidos. Escribe: «están desamparados», «nadie cuida de ellos», «todos los que quieren mal a estos cristianos me desean mucho mal», «fue tanta la aflicción que tuve, que no os lo sabría decir». El tono sigue siendo desolador. Todavía más: «Estoy tan enfadado de vivir que juzgo ser mejor morir por favorecer a nuestra ley y fe». Pero el gran y alabado Javier no sabe qué hacer. Se queja de que en cuatro años solo ha recibido una carta de Ignacio desde Roma.

Pero sigue siendo un hombre de oración y se dedica a buscar respuestas en ella. Le pide a Dios que ponga en su interior cuál es su voluntad. Esto es importante: el Javier desolado sigue recurriendo a Dios con fe. Está solo en Santo Tomás y al menos tiene clara cuál debe ser su primera tarea: buscar lo que Dios quiere, pedir que Dios le haga sentir lo que quiere.

Esto desmonta los prejuicios que tenemos a veces sobre los santos. Hay quien a veces dice: «¡Bah!

¡Javier era un santo! ¡Lo sabía todo, todo se le hacía fácil!». Ahora vemos que en realidad no era así. Dudaba como nosotros. Y buscó la quietud para profundizar.

Javier analiza responsablemente lo que está pasando, las necesidades pastorales, los problemas y oportunidades. Se da cuenta de que en algunos lugares no hay nada que hacer, mientras que en otros ha puesto algún jesuita. También los diocesanos y los franciscanos están presentes en algunos sitios.

En un momento dado, se entera de que en Indonesia hay comunidades cristianas no atendidas. Tras mucha reflexión y oración, comienza a pensar que lo que tiene que hacer es eso: abrir camino hacia Oriente o Extremo Oriente. Es al dársele esa pista cuando le vuelve la alegría. De nuevo siente que Dios lo ilumina. Experimenta con claridad que Dios lo ha puesto dentro ese deseo de dejar lo conocido, la India, e ir a lo desconocido, Indonesia.

El discernimiento de Javier se basa en sus sentimientos. Cuando piensa en ir hacia Indonesia, se siente consolado. Basta con eso para conocer que Dios lo llama allí, a pesar de que el terreno es desconocido para él y los jesuitas. Esta vez no tenía apoyos, si lo comparamos con las anteriores decisiones. No estaba obedeciendo a lo que otros le pedían. Fue un discernimiento que lo marcó.

El resultado de esta deliberación difícil es que Javier pasa unos años en varias islas de Indonesia, en algunos casos viajando a sitios arriesgadísimos. Tras todo este periplo, volverá a Goa. Pero en el camino se entera de algo nuevo: unos pocos años antes los portugueses habían descubierto una tierra nueva: Japón. Nadie hablaba de eso en Europa. Era nuevo para él. Le cuentan además que es gente blanca y muy culta, muy racional. Él cree que esos rasgos –que sean gente culta y racional, no que sean blancos– favorecerán la evangelización. Si esas personas más formadas se convierten, otros les seguirán.

Comienza a considerarlo y otra vez siente que Dios se lo pide. Cuando piensa en las dificultades, se le van los miedos. La fuerza que siente por evangelizar Japón es mayor que los riesgos del viaje. Si sigue sus sentimientos, claramente ha de optar por ir a Japón, terreno absolutamente desconocido, pues los portugueses no tenían ninguna capitanía por allí.

Otra vez se trata de buscar hacer la voluntad de Dios, lo mejor para su misión y la de la Iglesia. Él siente por dentro esa llamada a ir a Japón. Ese sentimiento interior es su guía. Lo había sido en el discernimiento para ir a Indonesia, tras el mal trago y oscuridad pasados en Santo Tomás; en este, ocurre lo mismo. Al pensar en ir o no ir, pasa por momentos de desolación y consolación, y deduce por medio de ellos qué es lo que Dios le pide.

La última de las grandes deliberaciones de Javier fue el viaje a China. Tres años más tarde de ir a Japón decide ir a China. Se entera de que aquel país es culturalmente más importante todavía que Japón, y cree que la mentalidad china influye en la japonesa. Le cuentan también que los chinos son gente ética, un país muy organizado. Por eso, ir a China, estar con el emperador, tener permiso para evangelizar y tener éxito, será lo mejor para poder tener más peso en Japón y en toda Asia.

Cuando leemos sus cartas, nos damos cuenta de que, para Javier, esta decisión sobre China es más racional que afectiva. Es decir, está basada más en pensamientos, argumentos y razones que en su estado emocional o sus sentimientos de cercanía o no de Dios. Pero, aunque sea algo más racional o mental, también busca que Dios le «confirme» eso que está deduciendo como bueno a base de razones. Esa confirmación –ahora sí– pasa por el sentimiento, por un convencimiento que es a la vez racional y emocional, de sentirse a gusto con lo que está pensando.

* * *

Con este recorrido por las grandes decisiones en la vida de Javier creo que aprendemos muchas cosas sobre discernir y decidir.

En primer lugar, vemos que Javier está aplicando criterios de los Ejercicios espirituales que hizo con Ignacio de Loyola en París. Son la oración y los momentos de quietud los momentos que nos ayudan a decidir en la vida.

Para discernir, es necesario dedicar tiempo. Pero siempre con optimismo: Dios actúa, Dios habla, Dios da luz. Esa luz la encontramos entre nuestros pensamientos y nuestros sentimientos y deseos. La decisión de ir a la India fue fácil: Dios le hacía ver eso y él no lo podía dudar. Lo estaba deseando. Viajar a Indonesia fue el resultado final de pasar por distintos estados de ánimo. Pero no solo eran diversos, sino también momentos de sentir a Dios cerca o de no sentirlo, situaciones en las que Dios consuela si te inclinas hacia un lado. Y vas aprendiendo a saber, por el modo en que lo interpretas, qué quiere Dios por medio de esos estados de consolación o desolación. Parecido fue con la decisión a Japón: Dios mueve el interior a través de los momentos de luz o de oscuridad. En el discernimiento para China las justificaciones estuvieron, como hemos dicho, más basadas en argumentos y razones.

Por lo tanto, Javier no solo encontró a Dios en los Ejercicios espirituales de París, en aquel momento de retiro. Lo siguió buscando año tras año, mes a mes, día a día. Estaba a la escucha, y afinó el oído cada vez más. Contaba que sintió mucho más a Dios en las dificultades que tuvo en Indonesia y Japón que en los Ejercicios de París. Fue una experiencia todavía más profunda. Su vida fue un buscar a Dios. Y Dios lo llevó a la otra parte del mundo.

Como he señalado, Javier empezó obedeciendo. Dios también habla a través de otros. Lo que otros ven de la realidad, de las necesidades, de los problemas, de las injusticias, etc., es siempre un buen criterio. Siempre nos apoyamos unos en otros. Pero llega un momento en el que el responsable es uno mismo. Analizar la realidad, aceptarla y dar pasos es una invitación del Espíritu, que también habla a través de ti mismo.

* * *

¿Qué aprendemos de todo esto?

En este recorrido por la vida de Javier hemos ido viendo cómo se gestaron las principales decisiones de su camino. Javier no era cobarde. Al contrario, era un hombre valiente e interiormente libre para asumir cambios importantes.

Al principio –lo hemos visto– obedecía a otros: su familia, los compañeros jesuitas, las autoridades de la Iglesia. Eso está bien. Muchas veces dependemos de otros y te fías de los demás. Pero llegan situaciones en las que tú has de tomar la iniciativa. No basta entonces con seguir lo que otros te piden.

El método de discernimiento espiritual de san Ignacio es una ayuda para buscar la voluntad de Dios, a partir de los sentimientos y pensamientos que surgen en tu interior. Javier lo utilizó. Gracias a eso, Dios hizo por medio de él grandes obras.

* * *

Señor, te agradecemos el testimonio
de discernimiento de Javier,
su disponibilidad y su intenso buscar
tu voluntad, para el bien de todos.
Agradecemos a los maestros en el espíritu
que nos dan pautas y criterios
para encontrar tu voluntad entre nuestros
sentimientos y pensamientos.

Dios nuestro, ayúdanos a interpretar los signos
de los tiempos,
y examinar bien las necesidades de la Iglesia
y de los que sufren.
Dios nuestro, danos capacidad de escucha
y libertad interior.
Que sepamos deliberar, discernir
y decidir bien.

9

Ser místico hoy
en la vida ordinaria

En las páginas anteriores hemos tenido ocasión de profundizar en la vida y el espíritu de san Francisco Javier. La meditación de este capítulo, como el mismo título insinúa, es una invitación a vivir aquí y ahora la experiencia de Dios, sin esperar a la muerte o a grandes acontecimientos. La vida ordinaria, la vida de todos los días, está llamada a ser iluminada por Dios.

Hay un texto de Javier en el que cuenta una experiencia personal bonita. Escribe desde Japón a los compañeros de Goa (en la India). Es una carta muy larga. Y entre párrafo y párrafo, inserta una referencia velada a su persona, mientras habla de otras cosas: «Yo sé de una persona, a la cual Dios hizo mucha merced, ocupándose muchas veces, así en los peligros como fuera de ellos, en poner toda su esperanza y confianza en él; y el provecho que de ello le vino, sería muy largo de escribir. Y porque los mayores trabajos en que hasta ahora os habéis visto, son pequeños en comparación de los que os habéis de ver los que a Japón vengáis» [90,24].

Javier dice aquí que siente que Dios le hizo mucha merced. *Merced* significa beneficio, premio, recompensa, un regalo sin merecerlo. Javier confió mucho en Dios en su viaje a Japón. Muchísimo. Como nunca antes. Lo hizo porque estaba solo y pasó por una situación muy apurada o angustiosa en el viaje, tanto en Indonesia antes como hacia Japón. Iba convencido de que el viaje lo hacía porque Dios se lo pedía. Y por esa entrega y confianza, Dios lo premió. Se quedó maravillado por lo que sentía entonces.

Un elemento muy importante a la hora de entender la relación entre Dios y Javier es la consolación. Dios regala consolación, alegría, sentirse bien, armonía, paz interior. La gran experiencia de Javier es que Dios da. No es una teoría ni una fuente de exigencia. No es un duro patrón que pide, exige, castiga, critica. Dios es fuente de amor, de alegría, de perdón, de fuerza, de gracia. Su oficio, podríamos decir, es regalar. En su lenguaje, «Dios da mercedes», y lo hace gratis. Dios complace sin que lo merezcamos.

En una de las cartas en las que invita a ir a misionar a Japón, Javier hace una referencia que conviene destacar. Añade la frase: «cuánto más consolados vivirían». Es decir, que la misión no es una exigencia ética o una obligación teórica. Puede serlo también, claro. Pero Javier suma otra motivación: el consuelo. El consuelo de hacer el bien, de vivir de modo entregado, de fomentar la generosidad y no el egoísmo. ¿De dónde viene ese consuelo? Uno lo encuentra dentro de sí mismo. Los cristianos decimos que Dios nos da ese consuelo, lo pone en nuestro interior. Ese es uno de los principales mensajes de los primeros jesuitas. Ignacio descubrió a Dios actuando en sí mismo y dando consuelo. Después, se dedicó a compartirlo, y convenció a unos compañeros que experimentaron lo mismo. Y así seguimos cinco siglos después: proclamando ese consuelo, a pesar de nuestras imperfecciones.

Javier vivió la vida como una consolación. Fue una vida, sin duda, también muy dura y exigente, pero a la vez con mucho consuelo. Esto es un misterio. Vivía con alegría. En este camino de la amistad mostró que el mal humor, el cabreo, la tristeza, la falta de paz... pueden ser signo de «no Dios». Lo que viene de Dios ha de estar unido a una alegría de fondo y una satisfacción profunda. «De estas partes no sé más que escribiros, sino que son tantas las consolaciones que Dios nuestro Señor comunica a los que andan entre estos gentiles, convirtiéndolos a la fe de Cristo, que, si contentamiento hay en esta vida, este se puede decir» [20,13].

Una experiencia parecida había tenido un año antes en islas de la actual Indonesia: allí también pasó por peligros muy serios. Hizo algo que a algunos les parecía demasiado arriesgado (ir a las llamadas Islas del Moro). Pero arriesgó confiando en Dios y, además de hacer el trabajo que tenía que hacer, sintió consolaciones provenientes de Dios como nunca en su vida hasta entonces.

Pero quizá el momento más duro y difícil de Javier fue en el que decidió ir de Goa a China. Él no lo sabía, por supuesto, pero iba a ser su último año de vida. Era la opción humanamente más arriesgada y loca. Todos los sensatos le criticaban: ¿por qué vas allí y no te quedas en Goa, que es tu deber como provincial?

Confiar en Dios, poner el fundamento de lo que haces en él, tiene como resultado sentir que Dios te regala mucho y tú logras mucho provecho. Se trata siempre de un misterio, pero esto es la fe: confiar en Dios. No hay que esperar a la muerte o a algún acontecimiento extraordinario y especial de la vida: puede uno sentirlo en cualquier día.

Todo esto es muy importante para entender la personalidad y la vida espiritual de Javier. El santo se maravilla de que el gesto personal de confiar de verdad en Dios lo situara como en otra dimensión. Experimenta que la vida cambia: su motivación, la fuente de alegría, el sentido. Ese gesto le hace relativizarlo todo, buscar lo que Dios quiere. Javier siente que tiene fuerzas para aguantar cualquier cosa.

Esta experiencia de Dios tan personal la transmite a sus compañeros, la utiliza para animarlos e infundirles coraje. Les dice: si venís a Japón, las vais a pasar canutas, va a ser lo más difícil y duro que hayáis hecho en la vida. Pero en ese salir de vosotros mismos y entregaros a algo tan difícil, misteriosamente Dios os va a alegrar y motivar como nunca lo habéis experimentado.

Javier se da cuenta de que esta consolación no está vinculada de forma directa a un lugar. En otros sitios, dirá que no hace falta ir a Japón para sentir esto. Cada uno en su vida, su misión, en su casa, con sus líos, sus compromisos, grandes, medianos o pequeños... si se entrega y confía en Dios, puede experimentar esa alegría profunda.

El mensaje de este último capítulo es simple pero muy profundo: confiar en Dios y ser místicos aquí y ahora.

* * *

Me gustaría incluir también una historia dentro de esta reflexión. Es una historia que escuché contar el año pasado. Podríamos llamarla «el cuento del tigre» o «el cuento de la fresa y el tigre», y se trata de una fábula que compartió un colombiano en su país.

Se refiere en ella a una experiencia que tuvo años antes, cuando estaba de crío en un colegio en Japón.

Su charla comenzó de este modo:

Soy colombiano. Y al estar en Japón de niño odiaba esas historias sin final de los japoneses, cuentos que no entiendes. Por ejemplo, la historia que nos contó un día un maestro en clase.

La historia dice así.

La vida es como aquel hombre. Aquel hombre que huye del tigre. El tigre lo persigue y lo va a alcanzar para comérselo. El hombre se agobia, ve que no tiene fuerzas para seguir huyendo. Pero hay un momento en que el hombre toma una decisión. Está un poco oscuro. Se lanza por un abismo.

Queda colgando, contó el maestro, por una rama. El hombre tenía la esperanza de, pasada la noche, al día siguiente, descolgarse y tal vez salvarse. Tal vez no estaba tan lejos del suelo y había una forma de bajar. Eso pensaba.

El colombiano dice que su maestro japonés continuó con la narración:

El hombre pasó toda la noche durmiendo ahí amarradito a esa rama. Al día siguiente salió el sol. Cuando salió el sol se despertó el hombre y lo primero que hizo fue mirar hacia abajo. Pero había un problema. Podía bajarse, pero había un problema. El tigre estaba abajo durmiendo, esperándolo. El hombre era su presa y el tigre no iba a desistir.

Justo en ese momento, el hombre descubrió que, frente a él, había unas plantas de fresa hermosas, que no había visto antes por la oscuridad de la noche. Unas fresas preciosas, casi fresones, grandes, grandísimas, silvestres, que brillaban con la luz del sol. Ahora el hombre extiende su mano, las toca y están tan maduras que casi se desprenden solas, las introduce en su boca y calma su sed con las fresas silvestres.

Y ahí terminó la historia. Ese era el final. El final era ese: ah, oh, sí, qué rico, qué rico, qué rica, qué ricas las fresas. Y los japoneses, los niños japoneses, asentían, sí, sí, sí.

El colombiano cuenta que no entendió qué pasaba o por qué terminaba el cuento así:

Y yo, el único niño latino, pregunté sin entender nada: «¿Y el tigre?». Pregunté otra vez ansioso: «¿Y el tigre?». El resto de los niños no me hacían caso, no les importaba. Y el maestro dijo: «Así es la vida, así es la vida». Y añadió: «Continuemos con la clase».

Volví a preguntar: «¿Y el tigre?». Y el maestro: «El tigre no importa, importa la fresa». Yo insistí: «¿Quéee? Es la fresa la que no importa, ¡lo que importa es el tigre! ¿No?».

Y nadie objetaba, para mi extrañeza como niño. Me desesperé. Todos se concentraban sin más en la clase. Yo no podía pensar en nada más que en el tigre. Porque era latino. En mi mente había un señor colgando y mi sangre latina decía «O lo salvamos o lo matamos, pero pongamos un final al este cuento». No podía ser... «¿Y el tigre...?». Yo le daba vueltas y vueltas. Preguntaba mucho a los maestros: «¿Eso por qué no tiene final?». «El final es que encontró una fresa y el tigre no importa», me repetían.

Pasado un tiempo el maestro me llamó: «Ven, ven, para que dejes de preguntar sobre el tigre. El tigre es la muerte, por eso no importa. La muerte nos va alcanzar a todos, pero la fresa simboliza a esas pequeñas cosas de la vida que nadie nos puede quitar y por eso hay que disfrutar la vida». «Un día», me dijo el maestro, «vas a descubrir que este es el mejor momento de tu vida, ahora, cuando estás estudiando». Yo no le creí, dice el colombiano.

Nuestro protagonista, el colombiano que de niño estuvo en Japón, ya de mayor, hace la reflexión que sigue, cuando está contando esta historia:

Hoy todos sabemos que el tiempo de estudios fue nuestro mejor momento en la vida. Y no lo disfrutamos por estar pensando en el tigre. ¿Sabéis cuál es el tigre? ¡El viernes...! Pensamos ¿cuándo viene el viernes? ¿Cuándo viene el viernes...? ¡Ay que pena! Todavía lunes. Luuunes, martes, miércoles, miéeercoles, jueves, jueves ya tiene algo de viernes y llega el viernes. Por pensar tanto en el tigre, ¿sabéis cómo llega al viernes? Tras mucha desesperación. Luego viernes, sábado, domingo y luuuunes otra vez. ¿Qué pasó? ¿Qué pasó?

Por estar pensando tanto en el tigre no disfrutamos tanto de los lunes, que tienen también sus fresas y fresones. ¿Sabéis cuáles son las fresas? No importa el día, no es cuestión de si es lunes, martes..., eso no existe. Existen fresas en la vida que tú debes disfrutar. Son cosas pequeñas que ningún Estado ni nadie nos puede quitar (adaptado de Tik Tok @magic.moments.motivation, 29 de noviembre de 2023).

Fin. Hasta aquí el cuento. Haciendo referencia a él no quiero transmitir la idea de que no haya que pensar en la muerte, como parece que era el modo de proceder de esos niños japoneses. Pero sí que la muerte no es lo único en lo que hay que pensar.

* * *

Aplicando el cuento al tema de este capítulo, a la experiencia de Dios y a la mística, me gustaría expresar que no creo que haya que esperar a la muerte para pensar en Dios. Él no tiene que ver solo con la muerte, con el final de la vida. Se trata de encontrarlo ahora, aquí, hoy, esta semana, este mes, con este trabajo, con estas personas. Incluso mientras leo este libro.

Hay un canto religioso cuya letra dice: «Dios, está aquí; tan cierto como el aire que respiro; tan cierto como en la mañana se levanta el sol; tan cierto como que este canto lo puedes oír». No voy a comparar a Dios o su consolación con la fresa o el fresón del cuento de los niños japoneses, pero sí me gustaría invitar a ver a Dios en todas las cosas ahora y aquí, como decía san Ignacio, o amar a Dios en todas las cosas, o servir a Dios con todo lo que hacemos. A encontrar el consuelo de Dios en todas las cosas. No solo en un sacramento de la Iglesia, que es donde lo hacemos público o comunitario –o explícito, con palabras concretas–, sino día a día, noche a noche.

Mística, en la tradición, es una experiencia en la que uno se siente muy unido a lo sagrado. Desde lo terrenal uno siente la divinidad, podemos decir. No es lo mismo que ascética. Ascética es la actividad que consiste en prepararse, en ejercitarse para algo. Es el esfuerzo por hacer algo, como un entrenamiento duro en el ámbito deportivo, por ejemplo.

La tradición también nos dice que los místicos no abundan. Son pocos. Hace falta mucha perfección y conocimiento, éxtasis o visiones, momentos en que uno se ve totalmente unido a Dios. Cosa para muy poquitos o poquitas.

Pero durante el siglo pasado esta visión de la mística que provenía de la tradición se fue «democratizando». Incluso hubo un teólogo, Karl Rahner, que dijo algo así como que en el futuro el cristiano sería místico o no sería. Es decir, que ser cristiano implica una experiencia que decimos que viene de Dios, o sentimos de Dios. No puede tratarse solo de ideas e ideas, teorías y teorías, buena filosofía o teología, o solo de acción social, acción por la paz y justicia, obras de amor y misericordia... Todo eso está muy bien, pero no equivale necesariamente a experiencia de Dios, no es suficiente. Un cristiano o un místico puede hacer todo eso, pero lo hace con la fuerza de Dios, con la gracia de Dios, con la consolación que viene de él.

El fin de la novena de la gracia no es solo recordarnos un milagro que ocurrió hace cuatro siglos en Italia por la gracia de Dios. Lo que busca más bien es renovarnos, aquí y ahora. No solo para hacer historia, sino para que descubramos cómo Dios actúa entre nosotros, como hizo con Javier. Utilicemos su ejemplo y su mediación para inspirarnos en el camino de la vida, en ese modo de recibir la fuerza y las gracias de Dios.

* * *

Para conocer mejor el modo de pensar de Javier, es necesario detenerse también en algo a lo que el santo concede mucha importancia, a la hora de vivir la mística de la que venimos hablando. Se trata de personalizar la experiencia de Dios. Esto Javier lo explica e insiste mucho en ello. Podríamos llamarlo *aplicarse en el cuento*. No es suficiente una religión general con unas ideas u oraciones generales comunitarias para todos. Eso puede tener un valor, pero alcanza mucho más cuando hay una experiencia personal detrás o antes. No es suficiente, pues, con decir «estoy de acuerdo con la religión». Se trata de sentirlo o vivirlo personalmente.

¿Cómo personalizar la fe? Principalmente, deteniéndote en la oración que haces. Es a lo que llamamos examinar. Volver sobre aquello que has orado, lo que has sentido, lo que has pensado.

Respecto de esta cuestión del examen, Javier da unas instrucciones a uno al que va a hacer superior de comunidad. Tras indicarle sobre qué cosas meditar o examinar, le dice: «Lo que sobre todo has de hacer, meditando en estos puntos arriba dichos, es notar muy grandemente las cosas que Dios nuestro Señor te da a sentir dentro en tu alma, escribiéndolas en algún librillo, imprimiéndolas en tu alma, porque en esto está el fruto» [116,8].

Es decir, le indica que apunte en un cuaderno lo que ha hecho en la oración, sobre todo lo que más ha sentido. El fruto de la oración está en que te acuerdes de lo que has hecho, de aquello que más has sentido. Sentir, notar y escribir. Es como si, tras rezar el rosario, la adoración y la charla, antes de la misa de la novena, tuviéramos cinco o diez minutos para apuntar: qué he pensado, qué me ha gustado...

Y todavía continúa así la carta de Javier: «Y de lo que Dios nuestro Señor te comunique, meditarás en esos puntos, y de ellos nacerán otros de mucho fruto. Y meditando sobre lo que Dios te comunica, irán creciendo por solo la misericordia de Dios, y tú te irás aprovechando mucho (...) aquí está todo el fruto» [116,8].

En definitiva, a lo que está animando Javier es a que la siguiente oración o meditación que hagas sea sobre lo que has sentido en la oración anterior. Lo que has sentido, notado y escrito. Es decir, no añadir textos o materias nuevas. Más bien, volver a lo que más intensamente se ha experimentado ya. Se refiere a las luces, alegrías o descubrimientos. También a los problemas, líos o conflictos. Es lo que san Ignacio llama oración de repetición: volver a lo que has sentido más intensamente.

Como digo, es como si al acabar de leer un capítulo de este libro cada uno escribiera algo. Y por la noche, en casa, en vez de leer cosas nuevas, pararse en lo que uno ha escrito y preguntarse: ¿por qué he escrito esto? ¿Por qué me ha gustado? ¿Qué dice de mí? ¿Sugiere algo Dios? O, si he escrito algo problemático, ¿por qué he recordado esto? ¿Por qué he sentido esto? ¿Cómo arreglarlo? ¿Qué hacer para quedarme en paz con esto que me duele? Es más importante lo que has escrito (tu experiencia) que lo que has leído (reflexión de otro). Javier concluye con algo importante: ahí está el fruto, de eso te aprovecharás. Más aún: «ahí está todo el fruto».

Ya sea en una charla, en una lectura o en una oración, uno ha de saber captar qué le ha gustado más. O qué le ha cuestionado más. Javier propone que un segundo tiempo de oración consista en detenerse y examinar eso. Si algo te ha parecido bonito, muy luminoso, te ha gustado mucho o te ayuda, te detienes, miras por qué y lo aprovechas. Seguro que te hace bien. Pero tienes que pararte. Si, en cambio, algo te ha desolado o puesto nervioso o te ha dejado mal, también te detienes ahí, hasta que tranquilamente le das la vuelta al problema o piensas en cómo superarlo con una interpretación más positiva.

De esto va personalizar la fe, de detenerse en las cosas con cierta profundidad. Eso es también la mística: sientes que ahí hay un mensaje de Dios para ti hoy, que él está ahí hoy, contigo, «hablándote» y animándote.

Según Javier, ¿habría un tercer momento de oración? La respuesta es sí. Y, ¿qué se haría en él? Pues, detenerse en lo que has sentido en la segunda oración, en lugar de leer temas nuevos. Dios te anima en lo profundo, lo percibes. Sientes que él te alivia ahora, hoy, en este momento, con tu lenguaje y según tu necesidad.

El mensaje es sencillo y profundo. Es mejor detenerse en lo que te ha gustado, te ha confirmado, te ha ayudado, y tomar nota, en vez de viajar por la vida como una maleta, sin enterarse de nada. Y si ha salido en tus pensamientos un problema, ver cómo resolverlo, en vez de pasar de largo.

Es ahí donde radica el fruto: el objetivo de la oración es crecer y mejorar personalmente. Crecer basándote en tus puntos fuertes. En las experiencias fuertes, en este caso. Mejorar, considerando los puntos que chirrían y viendo cómo arreglarlos.

Unido a esto, Javier también habla de personalizar cuando pide a las personas que se conozcan a sí mismas y se cuiden, conozcan sus puntos fuertes y débiles y asuman personalmente su crecimiento y su compromiso: «Vigilad siempre, y nunca os olvidéis de vos mismo; porque quien de sí se olvida, ¿qué recuerdo tendrá de los otros?» [101,3]. «Pedir a Dios con mucha eficacia que me dé a sentir dentro en mi alma los impedimentos que pongo de mi parte, por respeto de los cuales deja él de hacerme mayores mercedes y servirse de mí en cosas grandes» [116,6].

Cuando alguien está dispuesto a rezar un poco más o a plantearse la vida algo más en serio desde el punto de vista cristiano, Javier remite a la responsabilidad de cada uno. Pero no se trata solo de hacer muchas cosas. Hay que hacer cosas, sí, pero con cuidado. Sin estropearte, sin cansarte, perseverando. Y, además, con la gracia de Dios, con la fuerza de Dios, sintiendo que es él quien hace las cosas por medio de ti.

Parte de esa personalización de la oración es sentir que Dios realiza cosas por medio de nosotros. En el misterio de la vida, Javier ve a Dios actuando así. Siguiendo el estilo de oraciones de san Ignacio, experimentas que Dios está presente entre nosotros, sostiene nuestras vidas y actúa en nosotros. Él realiza cosas por medio de mí. Incluso «cosas grandes».

A modo de conclusión, podríamos decir que el cristiano que quiere profundizar en su vida espiritual lo que ha de hacer es no poner impedimentos. No dejar de recibir la fuerza de Dios. No imposibilitar que él actúe por medio de uno.

La vida cristiana es como un despertar. Pide autoconocimiento. Que cada uno pueda ver cómo es. Por eso Javier escribe frases como las que siguen: «Dios nuestro Señor se ha querido servir de nosotros para servir a sus siervos» [13,2]. «El fruto que se hace, Dios lo sabe, pues él lo hace todo» [13,2].

* * *

¿Qué aprendemos de todo esto?

Hemos recordado hoy y durante estos días la experiencia vivida por san Francisco Javier. Él representa un modelo. Es uno de los grandes místicos en la historia de la Compañía de Jesús.

Para finalizar, podemos terminar con dos preguntas: ¿por qué se incluye a Javier entre los místicos? ¿Qué quiere decir esto para nosotros hoy?

La primera pregunta se responde con todo lo que hemos recordado de la vida del santo navarro durante esta novena: su cercanía a Dios, su entrega personal, tan generosa, su búsqueda y su intensa vivencia.

La segunda pregunta, referida a nosotros, se responde con lo que he ido señalando especialmente el día de hoy, último de la novena: también nosotros podemos vivir una mística. Personalizar la fe, aquí y ahora, es el mensaje que nos queda al contemplar la vida de Javier.

* * *

Señor, te agradecemos la vida mística
de san Francisco Javier
y su traducción en vida apostólica intensa en
muchos campos.
Agradecemos su ejemplo, su estímulo,
la alegría que nos da
y la capacidad de entrega a tantas personas
y causas.

Dios nuestro, ayúdanos a entender mejor
a los grandes santos
a captar mejor su valor en nuestra vida en esta
época nuestra.
Dios nuestro, danos capacidad descubrir la
mística en nuestras vidas
que encontremos tu consuelo en nuestra
entrega y compromiso.

Referencias

FERNÁNDEZ, Juan Ignacio, «Simpatía conquistadora de San Francisco Javier»: *Manresa* 27 (1955), 145-156.

GUIBERT, José María, *El viaje de Javier. Un itinerario de discernimiento*, Mensajero, Bilbao 2021.

———, *Las cartas de Javier. Cincuenta claves para una vida más plena*, Mensajero, Bilbao 2022.

MELLONI, Javier, «Javier por dentro»: *Manresa* 78 (2006), 49-67.

Monumenta Xaveriana, II, en *Monumenta Historica Societatis Iesu*, vol. 43, Madrid 1912.

ZUBILLAGA, Félix, *Cartas y escritos de San Francisco Javier*, Biblioteca de Autores Cristianos, Madrid 1979[3].